고교학점제 in

보건
간호과

CampusMentor 캠퍼스멘토 ×  모야 Make Objects You Ask

　　교육부와 한국직업능력연구원이 발표한 '2021 초·중등 진로교육 현황조사 결과'에 따르면 고등학교 학생들의 희망 직업은 2위 간호사, 7위 의사, 10위 의료/보건 관련직으로 조사되었습니다. 또한 코로나19 유행 속 의사·간호사와 같은 보건계열 진로를 희망하는 학생은 꾸준히 증가하는 추세입니다. 보건의료계열 진학을 준비하는 학생들은 대부분 의예과, 한의예과, 약학과, 간호학과, 임상병리학과, 물리치료학과, 재활치료과 등 병·의원 기관에서 근무하는 직종을 희망하는 경우가 많습니다.

　　보건의료계열 진로에 대한 막연한 고민을 하고 있을 학생들에게 '의료인은 구체적으로 어떤 일을 하는지?', '의료인이 되기 위해서 필요한 지식과 자질은 무엇인지?' 등 자신의 진로를 탐색할 기회를 제공하는 것이 필요합니다. 학생들은 그중 하나의 방안으로 보건간호과 과목을 수강하여 보건의료 전공에 대한 이해도를 높일 수 있습니다. 교사는 전문교과Ⅱ에 해당하는 보건간호과 수업을 준비할 때 각 과목의 특성을 이해하고 수강학생들의 희망진로를 파악하여 수업을 설계하는 것이 중요합니다.

이 책은 보건간호과 수업 설계에 부담을 느끼는 선생님들과 구체적인 진로 계획을 세우는 학생들에게 좋은 길잡이가 될 수 있도록 구성하였습니다. 1장에서는 보건간호과 교육과정을 이해하기 위한 고교학점제, 학교 간 공동교육과정의 개요, 보건·복지 전문교과 교육과정의 내용을 담고 있습니다. 2장에서 6장은 보건간호과 과목에 해당하는 '간호의 기초', '기초 간호 임상 실무', '인체구조와 기능', '보건 간호', '공중 보건' 과목의 수업 설계를 위한 내용을 수록하였습니다. 각 과목의 단원별 수업 흐름도, 수업지도안, 평가 계획, 세부능력 및 특기사항 예시, 활동 결과물 등을 담아 체계적인 수업을 구성하도록 하였고, 과목별 특성을 고려하여 학생 참여 중심 수업을 구현하고자 노력하였습니다.

이 책을 통해 학생들이 보건의료계열에 학문적 호기심을 느끼고 관련 전공에 필요한 기초 지식을 함양하길 바라는 마음을 담았습니다. 또한 보건의료계열 진학을 희망하는 학생들을 지도하시는 선생님들에게 도움이 될 수 있는 도서가 되기를 진심으로 기원합니다.

고교학점제 IN 보건간호과
저자 일동 드림

CONTENTS

CHAPTER 1

보건간호과
교육과정 개요

1. 고교학점제의 이해

■ 고교학점제란?

> 학생이 기초 소양과 기본 학력을 바탕으로 진로·적성에 따라 과목을 선택하고, 이수기준에 도달한 과목에 대해 학점을 취득·누적하여 졸업하는 제도 (교육부, 2021)

1) **진로에 따라 다양한 과목을 선택**하는 제도입니다.

지금까지 고등학생들은 주어진 교육과정에 따라 수업을 들었습니다. 하지만 고교학점제 시행 이후에는 학생들이 자신의 진로에 따라 원하는 과목을 선택하여 수업을 듣게 됩니다.

2) **목표한 성취 수준에 도달했을 때 과목을 이수**하는 제도입니다.

기존에는 학생이 성취한 등급에 상관없이 과목을 이수할 수 있었습니다. 하지만 고교학점제 시행 이후에는 학생이 목표한 성취 수준에 충분히 도달하였다고 판단하는 경우에 과목 이수를 인정해 줍니다. 따라서 배움의 질이 보장될 수 있습니다.

3) **누적 학점이 기준에 도달한 경우에 졸업**하는 제도입니다.

기존 고등학교에서는 출석 일수를 기준으로 졸업 여부를 결정하였습니다. 하지만 고교학점제 시행 이후에는 누적된 과목 이수 학점이 졸업 기준을 충족했을 때 졸업이 가능합니다. 따라서 졸업이 곧 본질적인 학력 인정으로 이어질 수 있습니다.

■ 고교학점제, 왜 필요할까요?

1) **학생 맞춤형 교육**을 통해 잠자는 교실을 깨울 수 있습니다.

획일적인 교육으로는 학생의 학습 동기와 흥미를 유발하기 어렵습니다. 고교학점제는 학생의 과목 선택권을 보장하는 학생 맞춤형 교육을 실현함으로써 학생의 학습 동기와 흥미를 불러일으킬 수 있습니다.

2) **미래 사회에 필요한 역량**을 기르기 위해 필요합니다.

직업 세계가 급변하는 미래 사회에서는 자신의 진로를 스스로 개척하고 자기주도적으로 학습하는 역량이 필요합니다. 고교학점제는 학생들이 스스로 자신에게 필요한 배움이 무엇인지 찾게 함으로써 진로 개척 역량과 자기주도적 학습 습관을 길러줄 수 있습니다.

3) **학생 개개인의 다양성 지원**을 위해 필요합니다.

저마다 학습 속도와 학습 목표가 다른 학생들을 수직적으로 서열화하는 것은 학생들의 학습 의욕을 저하시킵니다. 고교학점제는 학생선택형 교육과정 운영을 통해 다양한 능력과 적성을 가진 학생 개개인의 역량을 최대한 발휘할 수 있도록 지원합니다.

■ 고교학점제 운영 '학교 간 공동교육과정'

고교학점제를 통하여 학생들은 배우고 싶은 과목을 스스로 선택할 수 있습니다. 학생들은 학교 교육과정에 따라 공통 과목을 포함한 교과 필수 이수 단위를 준수하는 선에서 자유롭게 과목을 선택할 수 있습니다. 또한 학교에서는 학생의 수요에 따라 과목을 개설하되, 필요에 따라 전문 교과의 과목을 개설할 수 있습니다.

학생의 과목 선택권을 확대하기 위해서는 학교에서 학생이 희망하는 과목을 최대한 개설할 수 있어야 합니다. 그러나 수강 희망 학생이 적거나 교사 수급이 어려운 과목의 경우에는 단위학교에서 수업을 개설하기가 어렵습니다. 이처럼 단위학교에서 개설이 어려운 소인수·심화 과목 등을 학교 간 연계 및 협력을 통하여 운영하는 교육과정을 <u>학교 간 공동교육과정</u>이라고 합니다.

2. 보건·복지 교육과정의 이해

■ 보건·복지 전문 교과 교육과정

보건·복지 전문 교과 교육과정은 의료 기관, 사회 복지 시설에서 직무를 수행하고, 취업이나 창업 등의 진로를 개척하고 자아를 실현하며, 보건·복지 분야 산업의 발전에 기여할 수 있는 유능한 인력을 양성하도록 구성되어 있습니다. 보육·사회 복지·보건 간호 분야에 필요한 인력을 양성하기 위하여 입직 수준의 직무 능력을 갖추도록 하는 데 교육 목표를 두고 있습니다.

구분	기준 학과	전문 공동과목	기초과목	실무과목	인력 양성 유형 (진로)
보건·복지 교과	보육과	성공적인 직업생활	· 인간 발달 · 보육 원리와 보육교사 · 보육 과정 · 아동 생활 지도 · 아동 복지 · 보육 실습	· 영·유아 놀이 지도 · 영·유아 교수 방법 · 영·유아 건강·안전·영양 지도	어린이집 보육 교직원
	사회 복지과		· 생활 서비스 산업의 이해 · 복지 서비스의 기초 · 사회 복지 시설의 이해 · 인간 발달*	· 대인 복지 서비스 · 사회 복지 시설 실무	사회 복지 시설 종사자
	보건 간호과		· 공중 보건 · 인체 구조와 기능 · 간호의 기초 · 기초 간호 임상 실무 · 보건 간호 · 인간 발달*		간호조무사
창의적 체험 활동	자율 활동, 동아리 활동, 봉사 활동, 진로 활동				
현장 실습	산업체 견학 → 산업체 체험 학습 → 현장 실습(인턴십)				

＊ 다른 교과군(또는 기준 학과)에 편성된 과목을 의미

보건·복지 분야는 다양한 대상 및 영역과 관련되며, 기초적인 능력부터 전문적인 지식과 숙련된 기술까지 요구하고 있습니다. 따라서 고등학교 교육과정은 산업에 관한 지식부터 전공에 관한 기본적인 지식과 기술까지 갖출 수 있도록 편성·운영되어야 합니다.

보건·복지 분야의 한 교과인 '보건간호과' 교과는 <u>공중 보건, 인체 구조와 기능, 간호의 기초, 기초 간호 임상 실무, 보건 간호 과목</u>으로 구성되어 있으며, 보건 간호 분야의 기초 지식과 기술을 습득하여 직무 수행에 필요한 태도와 가치관을 확립하는 내용을 포함하고 있습니다.

3. 보건간호과 교육과정의 이해

1 간호의 기초

'간호의 기초' 과목은 보건간호과와 관련하여 다른 교과목에 우선하여 간호(조무)의 기초 실무에 필요한 지식과 기술을 습득하고 태도를 기르기 위한 기초 과목입니다. 기본적으로 직업 윤리관과 자세를 확립하고, 간호 보조 업무를 수행하는 데 필요한 지식과 기술을 습득하여 대상자 중심의 간호 보조 업무를 수행할 수 있도록 하는 과목입니다. 간호의 기초 과목의 성격과 목표 달성을 위해 '기초 간호 임상 실무'와 연계하여 지도합니다.

- 내용 체계

내용 영역	내용 영역 요소	
간호조무사의 역할과 직업 윤리	· 간호조무사의 직무 정의와 역할 · 간호조무사의 직업 윤리	· 간호조무사의 의사소통
주요 질환의 이해와 질환별 환자 간호 돕기	· 근골격 계통 질환 · 순환 계통 질환 · 호흡 계통 질환 · 소화 계통 질환	· 비뇨·생식 계통 질환 · 내분비 계통 질환 · 신경·감각 계통 질환
대상자별 간호 보조	· 임신·분만 및 산욕기 간호 보조 · 신생아 및 영·유아 간호 보조	· 노인 간호 보조
특수 분야 간호 보조	· 구강 간호 보조	· 한방 간호 보조

2 기초 간호 임상 실무

'기초 간호 임상 실무' 과목은 간호 대상자에 대한 이해를 바탕으로 의료 기관에서 행해지는 기본적인 간호 보조 업무에 대한 지식 및 기술을 익힘으로써 실무에 적용할 수 있는 방법을 습득하도록 합니다. 의료 기관 현장에서 실무를 수행할 수 있는 능력과 태도를 기를 수 있도록 구성된 이론과 실습을 병행하여 지도해야 하는 통합 과목입니다.

간호 보조 업무에 대한 기초적인 능력을 습득할 수 있도록 구체적이면서도 단계적인 실습 지침을 제공하고, 실습 지침에 따라 실무 능력을 함양할 수 있도록 지도하며, 교내에서 실제적으로 정확히 실습할 수 있도록 계획하고 지도합니다.

- 내용 체계

내용 영역	내용 영역 요소	
간호 환경 유지	· 환경 유지 관련 용어 · 대상자 환경 조성 · 안전한 의료 기관 환경 유지	· 침상 준비하기 · 진료의 보조 및 입·퇴원, 전원· 전동 대상자 간호 돕기
활력 징후 측정	· 활력 징후 측정 관련 용어 · 체온 측정 · 체온 관리 · 맥박 측정	· 호흡 측정 · 혈압 측정 · 산소 포화 농도 측정

감염 관리 업무 보조	· 감염 관리 업무 보조 관련 용어 · 감염 관리의 이해 · 멸균과 소독	· 내·외과적 무균술 · 의료 폐기물 관리
영양 및 배설 관리	· 영양 및 배설 관련 용어 · 식사 돕기 · 위관 영양 돕기	· 배변 돕기 · 배뇨 돕기 · 섭취량·배설량 측정
개인위생 관리	· 개인위생 관련 용어 · 목욕 돕기	· 부위별 개인위생 돕기
활동과 운동 관리	· 활동과 운동 관련 용어 · 운동 돕기 · 이동 돕기	· 체위 변경 · 마사지
수술 보조	· 수술 보조 관련 용어 · 수술 전 보조 업무	· 수술 후 보조 업무
검사 준비	· 검사 준비 관련 용어 · 검사 전·후 준비	· 검사 대상물 관리
산소 및 흡인 요법	· 산소 및 흡인 요법 관련 용어	· 산소 및 흡인 요법 전·후 간호 돕기
투약 보조	· 투약 보조 관련 용어	· 투약 보조 시 주의 사항
응급 처치 보조	· 응급 처치 보조 관련 용어 · 기본 심폐 소생술 및 자동 심장충격기 사용법	· 기도폐쇄 시 응급처치법 · 상황별 응급처치법
임종 관리	· 임종(호스피스) 관리와 관련된 용어 · 임종 관리의 이해	· 임종 관리

3 인체 구조와 기능

'인체 구조와 기능' 과목은 '특성화 고등학교와 산업 수요 맞춤형 고등학교'에서 보건·복지 분야 학과의 학생들이 이수하는 기초 과목으로서, 인체의 세포에서부터 각 계통의 해부학적 구조와 생리적 현상을 과학적으로 탐구하는 과목입니다.

인체의 구조와 기능에 대한 내용을 정확히 파악하고, 그 현상들을 과학적인 기전과 비교하여 분석할 수 있는 비판적이고 창의적인 능력을 함양할 수 있는 내용으로 평가합니다. 학습의 성과 확인이 아닌 학습과 성장을 돕는 수업 중심형 평가가 이루어질 수 있도록 설계합니다.

▪ 내용 체계

내용 영역	내용 영역 요소	
인체 구조와 기능의 개요	· 인체의 주요 구조 · 인체의 주요 기능	· 용어

내용 영역	내용 영역 요소	
인체의 구성	· 세포 · 조직	· 기관 · 계통
근골격 계통	· 근골격 계통의 구조와 기능 · 근육	· 골격 · 관절
순환 계통	· 순환 계통의 구조와 기능 · 심장	· 혈관 · 림프 계통
호흡 계통	· 호흡 계통의 구조	· 호흡 계통의 기능
소화 계통	· 소화 계통의 구조와 기능 · 소화 · 흡수	· 배변 · 영양과 대사
비뇨·생식 계통	· 비뇨 계통의 구조와 기능 · 수분 전해질 및 산·비염기 균형 · 남성 생식 계통 구조와 기능	· 여성 생식 계통 구조와 기능 · 유방의 구조와 기능
내분비 계통	· 내분비 계통의 구조	· 내분비 계통의 기능
신경·감각 계통	· 신경·감각 계통의 구조와 기능 · 중추·말초 신경계	· 일반 감각 계통 · 특수 감각 계통

4 보건 간호

'보건 간호' 과목은 특성화 고등학교와 산업 수요 맞춤형 고등학교 학생들이 보건 체계와 보건관리 전반을 이해할 수 있도록 돕습니다. 지역 사회 대상자의 건강 증진은 물론, 건강 문제 상황에 따라 적합한 업무를 안전하고 바르게 수행할 수 있는 태도를 함양하는 데 도움을 주는 과목입니다.

환경보건, 질병 관리 사업, 보건 행정, 지역 사회 보건, 보건 교육 영역에서 습득한 지식과 기술을 관련 직무에 활용하고, 보건 의료 법규를 숙지함으로써 지역 사회 인구 집단의 건강을 유지하고 증진시키기 위한 능력과 태도를 기릅니다.

보건 간호는 과목의 성격과 목표 달성을 위해 지역 사회 간호에 대한 이해가 중요하므로 '공중 보건' 과목과 연계하여 지도합니다. 소집단 협력 학습 및 토의 등 활동 중심의 과제와 내용을 포함하여 지도하며, 학습 목표 달성에 유익하고 학습 동기를 촉진할 수 있는 관련 자료(삽화, 도표, 사진 등)를 학생들 스스로 찾고 활용할 수 있도록 지도합니다.

■ 내용 체계

내용 영역	내용 영역 요소	
환경 보건	· 환경의 이해 · 기후와 건강 · 공기와 건강 · 물과 건강	· 광선과 건강 · 주거 환경과 건강 · 폐기물과 건강 · 식품과 건강

질병 관리 사업	· 질병 관리 사업의 개요 · 질병의 정의와 분류	· 질병의 발생 과정 · 감염병 관리
보건 행정	· 보건 행정의 이해 · 보건 행정의 조직	· 보건 의료 전달 체계 · 의료 보장 제도
지역 사회 보건	· 지역 사회 간호 사업의 이해 · 지역 사회 간호 과정 · 간호 분야별 지역 사회 간호 사업	· 생애 주기별 지역 사회 간호 사업 · 건강 문제를 중심으로 한 지역 사회 간호 사업
보건 교육	· 보건 교육의 개요 · 보건 교육의 특성	· 보건 교육의 방법 · 보건 교육의 평가
보건 의료 관련 법규	· 의료법 · 감염병의 예방 및 관리에 관한 법률 · 혈액관리법 및 기타 의료 관련 법	· 정신건강증진 및 정신질환자 복지서비스에 관한 법률과 구강보건법

5 공중 보건

'공중 보건' 과목은 국민 전체 또는 지역 사회 주민의 건강 유지와 관련된 여러 분야의 내용을 포괄하고 있습니다. 공중 보건이 가지는 의미와 중요성을 이해하여 환경·식품·감염병·산업·보건 등과 관련되는 여러 가지 질병의 발병 현황과 종류, 특성, 그리고 보건 관리 전반에 대한 지식을 이해할 수 있도록 구성한 과목입니다.

'공중 보건' 과목의 개념 이해와 적용 능력 습득을 위해서는 실생활 예시를 많이 제공하여 쉽게 이해할 수 있도록 지도합니다. 이를 위해 현장의 다양한 사례를 학습을 통해 계획·운영하고, 소집단 토론을 촉진하여 다양한 해결 방안을 모색해야 합니다. 따라서 지역 사회와 학교의 여건을 고려하여 다양한 분야의 지역 사회 전문 인사를 활용하거나, 교사와의 팀 티칭 등을 시도하여 현장 전문성을 강화하는 노력도 필요합니다.

■ 내용 체계

내용 영역	내용 영역 요소	
공중 보건의 이해	· 건강과 질병	· 공중 보건의 개념과 발전
환경 위생성	· 기후 · 공기	· 물 · 주거 환경
식품 위생	· 식품과 건강	· 식중독
감염병 관리	· 감염병	· 감염 관리
산업 보건	· 산업 보건의 이해 · 산업 피로 및 산업 재해	· 직업병 관리 · 사고와 응급 치료
정신 보건	· 정신 보건의 이해 · 발달 과업과 정신 건강	· 정신 건강 문제
보건 관리	· 학교 보건 · 모자 보건	· 보건 의료 관계 법규

4. 수업 설계

■ 공동교육과정 수업 모형

공동교육과정의 수업을 설계하고 구조화할 때, 과목의 특성 및 학습 상황을 고려하여 다양한 수업 모형을 적용하는 노력이 필요합니다. 이때 수업 모형은 '수업 운영 방식'에 따른 수업 모형과 '교수·학습 방식'에 따른 수업 모형으로 아래와 같이 구분할 수 있습니다.

	기본 모형		추가 선택 모형
1. 수업 운영 방식	· 대면 수업 · 원격수업 · 블렌디드 수업		· 플립러닝 · 메타버스 활용 수업 · 기타
2. 교수·학습 방식	· 강의식 · 실험 · 실기·실습	· 협동학습 · 프로젝트 학습 · 토의·토론 학습	· 문제 중심 학습 · 디자인 씽킹 · 액션러닝 · 기타

■ 공동교육과정 평가 방식

공동교육과정 수업에서는 교수·학습과 평가를 긴밀하게 연계하여 실시할 필요가 있습니다. 공동교육과정에서 활용 가능한 평가는 지필평가와 수행평가가 있는데, 세부 평가 방식은 다음과 같습니다.

평가 방식	세부 평가 방식	방법 및 유의점
지필 평가	선택형	· 제한적 범위 내에서 응답자에게 일정한 선택 반응을 요구하는 문항으로, 채점이 쉽고 객관적이며, 비교적 짧은 시간에 많은 내용을 다룰 수 있음 · 주요 개념이나 학습 내용 이해를 평가하기 위해 활용할 수 있음
	서답형	· 응답자의 반응을 표현하도록 요구하는 문항으로, 학생의 사고력, 추리력, 표현력, 창의력 등의 기능을 측정하도록 문항을 개발하여 활용할 수 있음
수행 평가	포트폴리오	· 학습자의 변화 과정을 보여줄 수 있는 다양한 활동 결과물을 지속적으로 모아 이것을 총체적으로 평가하는 방법으로, 학생의 성장과 변화를 관찰하며 평가할 수 있음 · 수업이 진행되는 동안 여러 번에 걸쳐 지속적으로 이루어져야 함
	연구보고서	· 학생이 수행하여 작성한 연구보고서를 평가함
	실습 체크리스트	· 핵심간호술기의 실습 순서에 맞추어 수행/미수행 여부를 체크하고, 수행한 개수를 토대로 평가함
	실험 실기평가	· 학생이 실험과 실기에 참여하는 과정과 학습 결과를 종합적으로 평가함
	기타	· 기타 다양한 수행평가 방식을 활용할 수 있음

5. 공동교육과정 수업 교사에게 전하는 꿀TIP

■ 수업 운영의 특징

- 공동교육과정을 수강하는 학생들은 대부분 자신의 진로나 진학 준비에 도움이 될 것이라는 기대를 안고 신청하는 경우가 많습니다. 따라서 공동교육과정 수업은 <u>학생의 진로 탐색과 진로 준비를 지원할 수 있도록 설계</u>할 필요성이 있습니다.

- 공동교육과정 과목을 이수하여 학습 이력을 구축하는 데 초점을 두기보다는, 학생이 <u>자신의 진로를 더욱 구체적으로 탐색하도록 하거나 이후 진로 준비를 더욱 지원하는 방식</u>으로 공동교육과정 수업을 설계하고 운영할 필요성이 있습니다.

■ 수강 학생들의 특징

- 공동교육과정 수업의 경우, 해당 과목에 대한 흥미와 관련 분야의 진로에 관심이 있는 학생들이 자발적이고 능동적으로 수강하는 특성을 보이며, 대부분 수업에 적극적으로 참여한다는 특징이 있습니다.

- 개설 과목에 대한 흥미와 참여 정도가 일반 교과목보다 높고 능동적으로 참여하는 학생의 특성을 고려하여 과목별 특성에 따라 더욱 실험적이고 새로운 수업 방식을 적용해볼 수 있습니다.

■ 수업을 위한 노력

- 공동교육과정 수업은 <u>학생들 간 의사소통과 협력을 촉진하도록 설계</u>할 필요성이 있습니다. 공동교육과정 수업의 경우, 보통 비슷한 분야에 관심이나 흥미를 가지고 있다는 점을 고려해야 합니다. 학생들의 공통된 흥미를 자극하고 협력적 의사소통을 촉진하여 시너지 효과를 낼 수 있도록 수업을 설계하는 것이 중요합니다.

- 보건간호과 과목을 수강하는 학생들은 대부분 자신의 관심 분야를 심화 학습하기 위해 수업을 이수하는 경우가 많습니다. 전반적인 수업 과정에서 <u>학생들 간의 토의·토론과 실험·실습 등이 활발하게 이루어질 수 있도록 수업을 설계</u>하는 것이 좋습니다. 교사는 이를 효과적으로 지원하기 위해서 최신 보건의료 이슈와 정보들을 지속적으로 탐구하여 전문성을 신장하고, 다양한 학습 도구와 의료 실습용 기자재들을 적극 활용할 필요가 있습니다.

- 보건간호과 과목들은 대부분 실습 기자재가 필요한 경우가 많아 학교 또는 교육청 지원 예산으로 다양한 기자재를 구매하여 수업을 진행하는데, 때때로 어려움을 겪을 수 있습니다. 따라서 기자재를 활용한 수업을 운영할 예정이라면 <u>사전 협의를 통해 다양한 기자재를 확보한 후 수업을 진행</u>하는 것을 추천합니다. 특히, 실습 활동이 많은 '기초 간호 임상 실무' 과목의 경우 사전에 실습 준비물품을 준비하여 수업을 진행하는 것을 권장합니다.

■ **생명의료계열 진학 준비 학생 지도 TIP**

– 생명의료계열 진학을 희망하고 준비하는 학생들은 대부분 의예과, 치예과, 한의예과, 약학과, 간호학과, 임상병리학과, 물리치료학과, 재활치료과 등 병·의원 기관에서 근무하는 직종을 희망하는 경우가 많습니다. 따라서 보건교사가 수업을 진행하는 경우, **병원 현장에서 직접 경험한 이야기나 실제 현장에서 활용하는 의학용어 등을 수업 내용에 반영**하면 학생들의 호응도와 교육적 효과를 높일 수 있습니다.

– 지역사회 자원을 활용하여 현직에 근무하는 의료인을 초빙하여 의료계통 종사자의 직업 탐구 관련 강의를 1시간 내외로 듣거나, 지역 내 가까운 병원 또는 인근 대학의 의과대학이나 간호대학을 탐방해볼 수 있다면 단체 견학을 신청하여 진행해보는 활동도 추천합니다.

■ 참고 자료 출처
- 교육부(2018), 별책26 보건복지 전문 교과 교육과정 2018-150호, 86~98
- 교육부(2021), 고교학점제 홈페이지, https://www.hscredit.kr/, 05월 08일
- 한국교육개발원(2022), 학교 간 공동교육과정 수업은 어떻게 설계해야 할까요?, 11~15, 17, 23

MEMO

CHAPTER 2

간호의 기초

01
간호사의 역할

교수·학습 계획

수업방법	협동학습, 포토스탠딩 활동	운영 형태	on/off
대단원	Ⅰ. 간호사·간호조무사의 역할과 직업 윤리	예상 차시	2~3차시
중단원	1. 간호사·간호조무사의 직무 정의와 역할		
준비물	원격수업 기자재(마이크와 웹캠 사용이 가능한 PC), 활동지, 그림카드		
성취기준	1)-가) 간호조무사의 직무 정의와 역할		
학습목표	· 간호사의 법적 직무 정의를 알고 설명할 수 있다. · 간호사의 역할을 탐색하여 다양한 활동 분야를 제시할 수 있다.		

수업 흐름도

STEP 1	간호사의 직무와 역할 이해하기
STEP 2	의료인이 갖추어야 할 자질 알아보기
STEP 3	간호사의 다양한 활동 분야 탐색
STEP 4	모둠별 결과물 발표 및 평가

간호사의 직무 정의와 직업적 태도를 학습하고, 학생 본인이 생각하는 의료인이 갖추어야 할 자질에 관해 토의하는 활동이다. 학생 개별로 그림카드를 제공하고 본인이 생각한 의료인의 자질을 뒷받침할 수 있는 그림을 고르게 한다. 한 장의 그림을 다양한 해석으로 설명할 수 있어 학생들의 표현력, 창의력이 발휘될 수 있다. 또한 그림 자료를 활용한 발표수업이 진행되면 분위기가 밝아지고 학생들의 집중도와 관심도도 높아져 라포 형성에 도움이 된다.

간호사의 법적 직무와 역할을 학습하고 간호사가 활동하고 있는 다양한 활동 분야를 탐색하는 활동을 진행할 수 있다. 흔히 간호사라는 직업을 떠올릴 수 있는 병원 외에도 지역사회 전반에서 활동하고 있는 간호사의 업무를 직접 탐색해봄으로써 자신의 진로를 더욱 구체화할 수 있다. 온·오프라인 블렌디드 수업을 진행하는 경우, 구글 프레젠테이션을 활용하여 수업 안내, 과제 제시, 개별 피드백 제공이 가능하다. 인터넷을 통한 자료 조사 및 발표 자료 제작 활동은 원격수업과 온라인 플랫폼을 활용하면 학생들이 더욱 효율적으로 과제를 수행할 수 있다. 학생들의 흥미 유발과 수업 집중도 향상을 위해 온라인 플랫폼을 적절히 활용하는 것을 추천한다. 원격수업 진행 시, 구글 프레젠테이션을 통해 공동 작업을 하도록 안내하고 교사가 실시간으로 진행 상황을 파악하여 피드백을 제공할 수 있다.

단계	교수·학습활동	활동 자료 또는 유의점
도입	1. 동기 유발 - Q. 내가 생각하는 의료인의 자질 또는 덕목은 무엇이 있을까? 2. 학습 목표 제시 및 학습 과정 안내	· PPT 활용
전개	1. [강의] 간호사의 직무와 역할 - 법령에 명시된 간호사의 업무 - 대통령령으로 정하는 간호사의 보건활동 - 간호사의 면허와 자격	· PPT 활용
	2. [개별 활동] 내가 생각하는 의료인의 자질 - 활동지와 그림카드 개별 배부 및 활동 안내 [활동 내용] 1) 의료인이 갖추어야 할 자질 중 가장 중요하다고 생각하는 두 가지를 적고, 그 이유를 적는다. 2) 본인이 생각한 의료인의 자질을 뒷받침할 수 있는 그림 카드를 고른다. 3) 활동지에 작성한 내용을 친구들과 공유한다.	· 활동지, 그림카드 · 온라인으로 진행하는 경우, 구글 문서 활용
	3. [모둠 활동] 간호사의 활동 분야 탐색 - 4인 1모둠 구성 및 활동 안내 - 구글 프레젠테이션을 활용한 모둠별 공동작업 안내 [안내 내용] 1) 간호사의 활동 분야 제시 : 병원간호사, 보건간호사, 보건교사, 보험심사간호사, 간호장교 중 택1 2) 역할 분담 및 자료조사 예시 제시 : 소개, 업무내용, 진출과정, 사진 자료 등 3) 구글 프레젠테이션 사용 방법 안내 4) 발표 분량(5분 이내) 및 평가항목 안내	· 원격수업인 경우 모둠 활동 상황을 교사가 실시간으로 확인하여 피드백 제공
	4. [발표] 모둠별 결과물 발표 및 평가하기 - 평가 방법: 모둠 간 동료 평가, 교사 평가	
정리	1. 간호사의 직무 정의와 활동 분야 정리 2. 다음 차시 안내	

평가 계획

1 평가 개요

성취 기준	1)-가) 간호조무사의 직무 정의와 역할		
평가 유형	☑의사소통형 ☐학습확인형 ☐포트폴리오형 ☐실험실습형 ☐기타:		
평가 방법	☐자기 평가	☑동료 평가	☑교사 평가
평가 대상	☑개인	☑소그룹	☐학급 전체
평가 시기	☐도입	☑수업 중	☐수업 마무리

2 평가 세부 척도

- 모둠 간 평가 (모둠별로 제시)

평가요소	평가기준	평가척도		
		상	중	하
내용의 충실성	선정한 주제가 적합하고 내용이 구체적이며 결과물의 완성도가 높음			
발표력	발표 시간이 적절하고, 말의 속도, 크기, 시선 처리와 내용전달이 우수함			
모둠의 발표를 듣고 새롭게 알게 된 내용이나 인상 깊은 점을 적어보세요.				

- 교사 모둠 평가

평가요소	평가기준	배점	1모둠	2모둠	3모둠	4모둠
수행 결과물 발표	수행 결과물을 설득력 있고 자신 있게 발표함	40				
내용의 충실성	선정한 주제와 적합한 내용으로 구성함	20				
자료조사 및 제시	주제를 탐구하고 사실적인 다양한 자료를 찾아 조사하고 정리함	20				
협동력	모둠원들의 협력이 잘 이루어졌으며 활발한 의사소통을 함	20				
합계		100				

성취기준에 따른 성취수준 ・ 수행 과정 및 결과 ・ 교사 총평

간호의 정의와 간호사의 역할을 학습하고 법령에 명시된 간호사의 업무를 찾아 활동지에 정리함. 간호사의 활동 분야 탐구 활동에서 '보험심사간호사'를 주제로 선정하였으며, 업무 내용과 해당 분야 진출 과정, 자격 조건 등을 조사하여 주요 내용을 구체적으로 발표함. 추가로 해당 업무와 관련된 국민건강보험, 의료급여제도에 대한 정보를 수집하여 함께 설명하는 모습이 인상적임. 모둠 활동에서 중심 역할을 하며, 모둠원의 의견을 경청하고 수용하는 모습을 보이는 등 타인의 생각을 이해하며 조정하는 능력이 뛰어남. 의료인이 갖추어야 할 자질 중 중요한 것은 의사소통 능력과 책임감이라고 설명하고, 의료 현장에서 원활한 소통과 협력이 필요하다는 것을 강조하며 전문직으로서 책임 있는 행동이 중요하다고 발표함. 보건의료에 관심이 많으며 진로 목표를 구체화해 나가는 모습이 돋보이는 학생임.

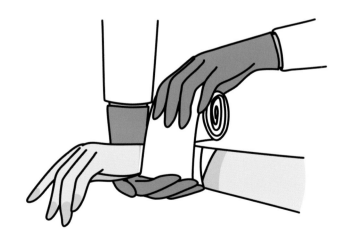

교육 활동 자료

추천 자료 | 포토스탠딩 활동 관련 교구

이야기톡 카드

*출처: 라이스토리

이미지프리즘 희노애락

*출처: 학토재 행복가게

좋은 상상카드

*출처: 디자인펜슬

이미지프리즘

*출처: 학토재 행복가게

추천 자료 | 수업에 활용하기 좋은 도서

간호사를
간호하는 간호사

경향 BP / 오성훈 (2020)

간호·보건계열
진로 로드맵: 심화편

미디어숲 / 배수정 외 (2021)

보험심사간호사를
간직하다

드림널스 / 서민정 (2021)

간호직 공무원을
간직하다

드림널스 / 이정원 (2021)

활동 결과물

의료인이 갖추어야 할 자질 (포토스탠딩 활동)

학생 결과물

■ 참고 자료 출처
- 우치갑 외 8인(2018), 수업이 즐거운 교육과정-수업-평가-기록의 일체화, 테크빌교육, 216~217
- 김현하 외 6인(2023), 고등학교 간호의 기초, 포널스출판사, 72~83

02 생명윤리 토론

교수·학습 계획

수업방법	강의식, 토의·토론 학습	운영 형태	off
대단원	I. 간호사의 역할과 직업 윤리	예상 차시	3차시
중단원	1. 간호사·간호조무사의 직업 윤리		
준비물	마이크와 웹캠 사용이 가능한 PC, 노트북 또는 태블릿, 필기도구, 관련 도서, PPT, 활동지		
성취기준	1)-나) 간호조무사의 직업 윤리		
학습목표	· 간호윤리의 의미를 설명할 수 있다. · 간호윤리와 생명윤리의 관계를 설명할 수 있다. · 생명윤리의 네 가지 원칙을 제시할 수 있다. · 토론 활동을 통해 자신의 입장을 발표하고 논리적인 근거를 제시할 수 있다.		

수업 흐름도

STEP 1	간호윤리와 생명윤리의 정의 및 원칙 설명
STEP 2	생명윤리 토론 사전 준비
STEP 3	생명윤리 토론
STEP 4	정리 및 평가하기

오늘날에는 생명의료 기술과 생명공학 연구의 급속한 발전에 따라 새로운 윤리적 문제들을 마주하게 된다. 이에 시대적 변화에 발맞춰 학생들이 간호윤리와 생명윤리의 밀접한 관계를 이해하고 생명윤리에 대해 토론하는 활동을 진행하고자 한다.

첫째, 의학드라마의 한 부분을 함께 시청하고 의료인의 윤리적 딜레마 상황에서 어떻게 대처할지 생각해보는 과정을 통해 학생들의 동기를 유발한다. 둘째, 간호윤리와 생명윤리의 정의를 학습하고, 생명과 건강을 존중하고 보호하기 위해 생명윤리 4가지 원칙(자율성 존중의 원칙, 악행금지의 원칙, 선행의 원칙, 정의의 원칙)과 관련된 윤리적 문제를 제시하여 학생들이 직접 생각해볼 수 있는 기회를 제공한다. 이는 다양한 윤리적 상황에 대해 스스로 고민해보고 자신의 입장을 정리해볼 수 있는 계기가 된다. 셋째, 생명윤리 관련 다양한 주제 중 1가지 주제를 선정하고 Pro(찬성)-Con(반대) 토론 방법을 제시한다. Pro(찬성)-Con(반대) 토론 방법은 모둠 내에서 서로 반대되는 작은 모둠을 만들어 갈등 상황을 만들고, 그 속에서 참여자들이 자신의 생각과 다른 주장, 경험, 관점들을 동시에 경험하게 한다. 이를 통해 참여자들은 최초에 가졌던 신념에 대해 회의를 품게 되고, 이를 해결하기 위해 정보습득, 경험, 추론, 확산적 사고를 하게 된다. 활동을 통해 찬성과 반대 의견을 모두 경험하고, 양쪽 의견을 충분히 고려한 다음에 판단하게 하는 것이 중요한 부분이다.

수업 지도안

단계	교수·학습활동	활동 자료 또는 유의점
도입	**1. 동기 유발** - 드라마로 알아보는 의료인의 윤리적 딜레마 상황 제시 **2. 학습 목표 제시 및 학습 과정 안내**	· PPT, 동영상 자료
전개	**1. [강의] 간호사의 직업윤리** - 간호윤리 및 생명윤리의 정의 - 생명윤리의 4가지 원칙, 이와 관련된 윤리적 문제 고민해보기	· PPT, 띵커벨 활용
	2. [개별 활동] 생명윤리 토론 준비 - 찬성 반대 Pro-Con 토론 방법 제시 및 4인 1모둠으로 구성	· 활동지 활용 [유의점] · 모둠원은 짝수로 구성한다. · 예시 주제를 참고하거나, 희망 주제를 선정할 수 있도록 안내한다. · 자료조사를 위해 태블릿, 관련 도서 등을 참고한다. · 자료조사를 통해 주제를 직접 생각해볼 수 있도록 피드백을 제공한다.

출생	죽음	치료와 간호
· 산전 진찰 (성 감별, 선택) · 체외수정 · 대리모 · 인간 복제	· 안락사 · 죽음의 기준(뇌사 등) · 연명의료 중단 (심폐소생술 금지) · 의사 조력 자살	· 임상(동물)실험 · 이종장기 이식 · 유전자 치료 · 의료자원 분배 문제 · 수술실 CCTV

단계	교수·학습활동	활동 자료 또는 유의점
전개	- 위에 제시된 주제를 참고하여 생명윤리 토론주제 선정 - 모둠 내에서 찬성과 반대 중 자신의 입장을 정한 후, 입장에 맞게 작은 모둠을 구성하여 토론 준비하기 **3. [모둠 활동] 생명윤리 토론** [토론 활동 안내] ① 모둠 내에서 작은 모둠으로 구성된 찬성 또는 반대의 주장을 밝힌다. 이때, 자신들의 주장을 밝히면서도 상대팀이 주장하는 내용을 메모하며 듣는 활동이 동시에 이루어진다. ② 협의 시간을 가진 후 질문 목록을 작성하여 자유 토론 시간을 가진다. ③ 이후 양측 입장을 바꾸어 다시 토론한 후 입장을 선택하게 한다. ④ 각 모둠별로 합의된 결과를 근거와 함께 발표한다. ⑤ 토론을 통해 느낀 점을 자유롭게 발표한다.	
	4. [평가] 평가하기 - 평가 방법: 모둠 내 동료 평가 및 교사 모둠 평가	· 사전에 평가 계획을 안내한다.
정리	**1. 주제별 주요 쟁점을 정리 및 질문** **2. 다음 차시 안내**	

평가 계획

1 평가 개요

성취 기준	1)-나) 간호조무사의 직업 윤리				
평가 유형	☑의사소통형	☐학습확인형	☐포트폴리오형	☐실험실습형	☐기타:
평가 방법	☐자기 평가		☑동료 평가		☑교사 평가
평가 대상	☑개인		☑소그룹		☐학급 전체
평가 시기	☐도입		☐수업 중		☑수업 마무리

2 평가 세부 척도

▪ 모둠 내 동료 평가

평가요소	평가기준	평가척도		
		상	중	하
근거의 적절성	주장을 뒷받침하는 근거를 적절하게 제시하였는가			
상호작용	상대 쪽 견해를 잘 듣고 공유하여 합의한 내용을 바탕으로 의견을 제시하였는가			
책임감	모둠원이 맡은 바에 충실하게 역할을 수행하였는가			
의사소통 능력	토론이 원활하게 잘 이루어졌는가			

▪ 교사 모둠 평가

평가 요소	평가기준	배점	1모둠	2모둠	3모둠	4모둠
주제의 적절성	주제에 맞는 주장과 근거를 적절하게 제시하였는가	30				
상호작용	상대 쪽 견해를 잘 듣고 공유하여 합의한 내용을 바탕으로 의견을 제시하였는가	30				
과제의 책임감	모둠원이 맡은 바에 충실하게 역할을 수행하였는가	30				
의사소통 능력	토론이 원활하게 잘 이루어졌는가	10				
합계		100				

성취기준에 따른 성취수준   수행 과정 및 결과   교사 총평

간호윤리와 생명윤리의 의미와 관계를 설명하고 생명윤리의 4가지 원칙인 자율성 존중의 원칙, 악행금지의 원칙, 선행의 원칙, 정의의 원칙에 대해 명확하게 제시함. 토론 준비 활동에서 '존엄한 죽음(안락사)이란'을 주제로 선택하여 교과서, 뉴스 등의 관련 자료를 통해 비판적으로 분석하여 찬성 입장에서 토론을 준비함. 토론 시 안락사를 선택하는 환자의 입장을 존중해야 된다는 주장을 바탕으로 약물이나 각종 기계로 생명을 연장시키려 하는 것도 환자의 선택이기 때문에 안락사도 환자의 선택일 수 있다는 의견을 근거로 제시하여 찬성 입장을 명확하게 밝힘. 예리한 시각으로 중심 쟁점을 추출하여 표현하는 능력이 돋보였으며, 적극적으로 발언하여 활발한 토론이 이루어지는 데 기여함. 만약 윤리적인 문제가 발생하게 된다면 결정에 대한 판단의 기준에 대해 진지하게 고민하는 모습을 보이며 문제 상황을 다각적으로 분석하여 결정을 내려야 한다는 자신의 의견을 표현함. 모든 활동에서 적극적으로 탐구하고 진지하게 참여하는 모습이 돋보인 학생으로 향후가 기대됨.

교육 활동 자료

참고 자료 ㅣ 의학 드라마로 알아보는 의료인의 윤리적 딜레마

SBS Drama(2020), 죽여버리기 전에 당장 수술 중지해
https://youtu.be/vefaVu_W3S4

참고 자료 ㅣ 토론 활동 참고

NATV 국회방송(2021), 청소년 덕후 생활을 문화로 인정해주세요 - 우리들의 민주주의 60회
https://youtu.be/9znOOrdFM6o

생명윤리 토론

간호의 기초 – 간호윤리

생각
이러한 상황일 때 나라면
어떻게 대처할지 고민해보자!

간호의 기초 – 간호윤리

1 윤리란?
- 인간관계의 질서나 규범을 의미
- 법과 윤리를 구별하자면 법은 인간의 외형적 행동을 규율하는 것이고, 윤리는 인간의 내면적 행동에 초점을 둔다.

2 간호윤리
- 간호사로서 마땅히 하여야 할 도리를 실천하는 것이라 정의
- 전문직 실무에서 계속적으로 윤리적 의사결정에 직면하게 되었으며, 의사, 환자, 보호자, 동료 집단 안에서 윤리적 딜레마에 빠지는 경우가 있다.

간호의 기초 – 간호윤리와 생명윤리

생명윤리와 간호윤리는 밀접한 관계가 있으며 간호사, 간호조무사는 생명윤리에 대한 지식과 윤리적 의사결정 과정을 통해서 '생명과 건강을 존중하고 보호하기 위해' '어떤 결정이 옳은가' 하는 질문에 대한 해답을 찾을 수 있다.

자율성 존중의 원칙	선행의 원칙
악행금지의 원칙	정의의 원칙

간호의 기초 – 자율성 존중의 원칙

인간이 의사결정에서 자유롭게 선택할 수 있는 권리를 의미

- 임신중절의 경우 태아의 의견을 대신할 수 있는 대리인은 누구인가?
- 뇌사환자의 보호자가 퇴원을 요청하는 경우, 의사를 표현할 수 없는 환자의 의사를 어떻게 확보해야 하는가?

간호의 기초 – 악행금지의 원칙

타인에게 의도적으로 해를 입히거나
타인에게 해를 입히는 위험을 초래하는 것을 금지함을 의미

- 회복 불능의 환자가 인공호흡기로 생명을 유지하는 경우, 의사는 인공호흡기를 제거해서는 안 되는가? 이것은 꼭 필요한 의무적 치료에 해당하는가? 혹은 의사와 환자의 합의 하에 이루어지는 선택적 치료인가?

간호의 기초 – 선행의 원칙

타인의 선을 적극적으로 증진시키는 윤리원칙으로서,
타인에게 해를 입히지 말아야 하는 소극적 의무와
타인을 도와주어야 하는 적극적인 의무

- 조현병을 진단 받아 입원치료 중 자살을 시도하는 환자를 발견한 경우, 의료진은 해당 환자가 강하게 거부했음에도 보호실에 격리해도 되는가?

간호의 기초 – 정의의 원칙

공평한 분배에 대한 윤리적 원칙을 말한다.
의료자원이 한정되어 있는 경우에 환자를 선택하는 기준에서
어떻게 자원을 공평하게 분배하는가에 대한 문제

- 의료자원의 분배는 어떤 원칙에 따라 이루어져야 하는가?
- 명실은 만원인데, 더 이상 진료가 무의미한 환자가 계속 입원을 고집할 경우 의료진은 어떻게 해야 하는가?

토론해보기

1. 찬성 반대 Pro-Con 토론 방법 제시
2. 모둠원 4인으로 구성
3. 생명윤리 토론 주제 선정 및 자료 조사하기
4. 토론 안내
   가) 각 모둠 내에서 팀별로 자신의 주장을 밝힘
      (상대팀이 주장하는 내용을 메모하여 듣기)
   나) 협의 시간을 가진 후 질문 목록을 작성하여 자유 토론 시간
   다) 양측은 입장을 바꾸어 다시 토론하고 입장을 선택
   라) 각 모둠별로 합의된 결과를 근거와 함께 발표
   마) 토론을 통해 느낀 점을 자유롭게 발표
5. 평가하기

활동 결과물

■ 참고 자료 출처
- 우치갑 외 8인(2018), 수업이 즐거운 교육과정-수업-평가-기록의 일체화, 테크빌교육, 216~217
- 노희선(2020), 쉽게 풀어쓴 생명윤리의 이해, 대광의학, 52~171
- 제이콥 M. 애펠(2021), 누구 먼저 살려야 할까?, 한빛비즈, 272~396
- SBS Drama(2020), 죽어버리기 전에 당장 수술 중지해, https://youtu.be/vefaVu_W3S4
- NATV 국회방송(2021), 청소년 덕후 생활을 문화로 인정해주세요 - 우리들의 민주주의 60회, https://youtu.be/9znOOrdFM6o

03
순환계통 심쿵 3요소 및 고혈압 책자 만들기

교수·학습 계획

수업방법	강의식, 협동학습, 디자인 씽킹	운영 형태	off
대단원	II. 신체 계통별 주요 질환의 이해와 간호	예상 차시	2~3차시
중단원	5. 순환계통 질환		
준비물	PPT, 4절지, A4용지, 종이찍개, 색연필, 사인펜, 유성펜		
성취기준	2)-나) 순환계통 질환		
학습목표	· 심장, 혈관, 혈액, 림프계의 구조를 이해하고, 기능을 설명할 수 있다. · 순환계통에서 발생하는 질환을 이해하고, 질환의 발생기전을 설명할 수 있다.		

수업 흐름도

STEP 1	순환계통 구조와 기능 설명하기
STEP 2	순환계통 심쿵 3요소 활동
STEP 3	순환계통 주요 질환 설명하기
STEP 4	고혈압 책자 만들기

　　동기 유발 활동으로 읽기 자료 혹은 심장 모형 큐브 만들기를 통해 호기심을 유발한 뒤, 순환계통의 구조와 이해를 돕기 위해 PPT를 활용한 강의를 진행한다. 이후 간단한 모둠 활동으로 '심쿵 3요소 활동'을 진행하여 나의 심장박동을 촉진한 상황에 관한 이야기를 나눈 후 좋은 심쿵, 나쁜 심쿵, 리 얼 심쿵 3가지로 구분지어 보도록 한다.

　　학생들이 순환계통에 대한 기본적인 지식을 익히고 나면 '순환계통의 주요 질환'에 대해 학습하게 되는데 교사는 고혈압과 저혈압, 협심증과 심근경색증 등 비교 가능한 질환을 비교하여 학생들에게 알려주도록 한다.

　　질환에 대한 강의가 끝나면 순환계통의 대표적인 질환인 '고혈압 책자 만들기' 개별 활동을 진행한다. 학생들은 고혈압 책자 만들기 활동을 통하여 질환에 대한 심화 학습이 가능하고, 만성질환 예방의 중요성에 대해 알게 된다. 교사는 활동 진행 전 평가척도를 제시하여 학생들이 평가에 대비할 수 있도록 돕는다. 활동이 끝나면 결과물을 제출한 뒤 평가지를 제공하여 자기 성찰 평가가 이루어지도록 한다.

수업 지도안

단계	교수·학습활동	활동 자료 또는 유의점
도입	1. 동기 유발 - 읽기 자료 혹은 교구 제시 2. 학습 목표 제시 및 학습 과정 안내	· 읽기 자료 또는 심장 모형 큐브 만들기 활용
전개	1. [강의] 순환계통의 구조와 이해 - 심장의 구조와 기능　　- 혈액의 구조와 기능 - 혈관의 구조와 기능　　- 림프계의 구조와 기능	
	2. [모둠 활동] 순환계통 심쿵 3요소 활동 진행 - 모둠 구성 및 순환계통 심쿵 3요소 활동 안내 [활동 안내] 1) 심장박동이 촉진되는 상황에 대해 얘기 나누기 2) 상황에 따라 심쿵 요소 3가지 나누기: 긍정적인 상황(좋은 심쿵), 부정적인 상황(나쁜 심쿵), 심장에 직접 작용하는 상황(리얼 심쿵) 3) 4절지에 우리 모둠의 심쿵 3요소를 작성하고 꾸며 결과물 제작하기 4) 발표하기 - 안내 내용에 따라 모둠 활동 진행	· PPT 활용 · 4절지, 색연필, 사인펜 등
	3. [강의] 순환계통의 주요 질환 - 고혈압, 저혈압　　　- 빈혈 - 협심증, 심근경색증　- 대사증후군	
	4. [개별 활동] 고혈압 책자 만들기 - 고혈압 책자 만들기 활동 안내 [활동 안내] 1) 평가척도 제시 2) 자료조사(책자에 수록할 내용) 　- 고혈압 진단 기준치 　- 고혈압이 유발하는 주요 질환 및 증상 　- 생활습관(식습관, 운동습관) 　- 고혈압 약품 복용 및 일상 관리 방법 3) 책자 제작 　- A4 용지 3장을 준비하여 가지런히 쌓는다. 　- 절반을 접어 6매의 책자 형태를 만든다. 　- 접은 부분을 종이찍개로 고정한다. 　- 1면에 제목을 작성하고 꾸며서 안내 책자 내용을 작성한다. - 안내 내용에 따라 개별 활동 진행 후 결과물 제출	· PPT 활용 · A4용지, 종이찍개, 유성펜

단계	교수·학습활동	활동 자료 또는 유의점
전개	5. [평가] 평가하기 – 평가 방법: 자기 성찰 평가, 교사 평가	
정리	1. 순환 계통 질환 정리 2. 다음 차시 안내	

평가 계획

1 평가 개요

성취 기준	2)-나) 순환계통 질환			
평가 유형	☐ 의사소통형	☐ 학습확인형	☑ 포트폴리오형	☐ 실험실습형 ☐ 기타:
평가 방법	☑ 자기 평가	☐ 동료 평가	☑ 교사 평가	
평가 대상	☑ 개인	☐ 소그룹	☐ 학급 전체	
평가 시기	☐ 도입	☐ 수업 중	☑ 수업 마무리	

2 평가 세부 척도

- 자기 성찰 평가 (순환계통 심쿵 3요소 활동)

평가요소	평가기준	평가척도		
		상	중	하
참여도	활동에 적극적으로 참여하여 결과물을 제출함			
협동력	모둠원의 의견을 경청하고 협력하며 모둠 활동에 참여함			
이번 활동을 통해 배운 점을 적어보세요.				

- 교사 개인 평가 (고혈압 책자 만들기 활동)

평가 요소	평가기준	배점		합계
내용의 정확성	고혈압 진단 기준치, 주요 질환 및 증상, 생활습관, 약품 복용 및 일상관리 방법의 내용이 구체적으로 제시됨	40	40	100
	고혈압 진단 기준치, 주요 질환 및 증상, 생활습관, 약품 복용 및 일상관리 방법의 내용이 제시되었으나 구체적이지 않음	30		
	고혈압 진단 기준치, 주요 질환 및 증상, 생활습관, 약품 복용 및 일상관리 방법의 내용 중 일부만 제시됨	20		
	고혈압 진단 기준치, 주요 질환 및 증상, 생활습관, 약품 복용 및 일상관리 방법의 내용을 모두 포함하지 않음	10		
표현 및 구성	본문의 각 쪽이 어떤 내용을 다루고 있는지 분명하며 본문 순서나 구성이 참신하여 흥미를 불러일으킴	30	30	
	본문의 각 쪽이 어떤 내용을 다루고 있는지 분명함	20		
	본문의 각 쪽이 어떤 내용을 다루고 있는지 분명하지 않음	10		
형식	주제를 잘 드러내는 표지가 있으며, 내용을 이해하기 쉽게 구분하고 내용을 잘 드러내는 소제목이 있음	30	30	
	표지가 주제를 잘 드러내지 못하고, 내용을 이해하기 쉽게 구분했으나 내용을 잘 드러내는 소제목이 없음	20		
	표지가 없고, 내용을 이해하기 쉽게 구분하지 않음	10		

3 세부능력 및 특기사항 기록 예시

성취기준에 따른 성취수준　수행 과정 및 결과　교사 총평

　　혈액의 순환을 폐순환과 체순환으로 구분하여 그림으로 나타낼 수 있으며, 심장의 자극 전도와 판막의 종류 및 기능을 설명할 수 있음. 심장이 수축과 이완을 반복하며 혈액을 온몸으로 순환시킴을 이해하고 심장주기 단계를 심전도 정상 리듬과 연결 지어 P파, QRS파, T파로 구별할 수 있음. 심장박동을 촉진 또는 억제하는 데 미치는 요인을 학습하고 심장박동이 촉진되었던 상황에 대해 이야기 나누며 심쿵 3요소 모둠 활동에 적극적으로 참여함. 순환 계통의 대표 질환인 고혈압의 진단 기준과 고혈압이 유발하는 주요 질환 등을 조사하였으며, 고혈압 환자를 위한 안내 책자를 정확하고 구체적인 내용으로 제작하여 완성도 높은 결과물을 산출함. 인체에 대한 호기심이 많고 이해력이 뛰어나며, 학습한 내용을 실제 사례에 연관시키는 역량을 지닌 학생임. 향후 전공 분야 공부의 발전에도 기여할 것으로 보이며, 예비 의료인으로서 충분한 자질을 함양하여 앞으로의 미래가 기대되는 학생임.

순환계통 심쿵 3요소 활동 및 고혈압 책자 만들기 활동 안내

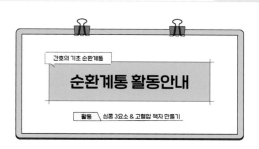

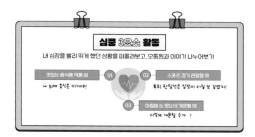

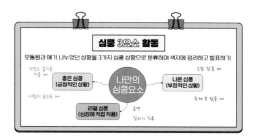

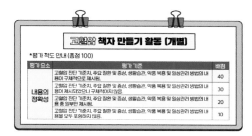

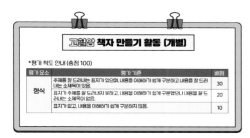

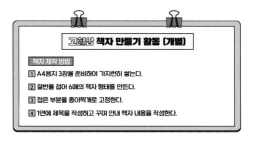

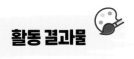

활동 결과물

순환계통 심쿵 3요소 활동 결과물 / 고혈압 책자 예시

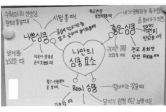  

  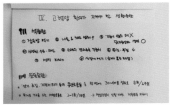

■ 참고 자료 출처

- 김희영 외 5인(2019), 공중 보건, 포널스, 106~135
- 우치갑 외 8인(2018), 수업이 즐거운 교육과정-수업-평가-기록의 일체화, 테크빌교육, 216~217
- 문성환 외 15인(2018), 기술·가정 2 지도서, 126~131, https://www.moascience.com/product/detail.html?product_no=66

MEMO

04
장음청진 및 소화계통 카드뉴스 만들기

교수·학습 계획

수업방법	강의식, 실기·실습, 프로젝트 학습	운영 형태	on/off
대단원	II. 주요 질환의 이해와 질환별 환자 간호 돕기	예상 차시	3차시
중단원	4. 소화 계통 질환		
준비물	청진기, PC(컴퓨터나 노트북 또는 태블릿 등 스마트 기기), 활동지, PPT		
성취기준	2)-라) 소화 계통 질환		
학습목표	· 소화 계통 질환의 원인 및 증상과 치료법을 연관 지어 설명할 수 있다. · 복부 장음을 실습해보며, 정상 장음과 비정상 장음의 차이점을 알 수 있다.		

수업 흐름도

STEP 1	소화 계통의 해부학적 구조와 기능
STEP 2	간이청진기 제작 및 장음 청진 실습하기
STEP 3	소화기계 질병 카드뉴스 제작하기
STEP 4	발표 및 활동 마무리

위 수업에서는 소화기계에 대한 전반적인 설명을 강의식으로 학생들에게 설명해준 뒤, 복부 장음을 청진해보고 소화기계 질병에 대한 카드뉴스를 제작해보는 수업으로 최소 3차시 이상으로 구성하기를 권장한다. 먼저, 소화기계의 해부학적 구조와 기능에 대해 설명하며 소화 계통에 대한 학생들의 이해를 돕고 간단한 질문이나 퀴즈를 통해 학습 수준을 점검한다. 복부 사분면 속 장기의 위치를 구분하는 활동을 통해 복강 내 장기 위치를 확인하고, 장음을 듣는 위치를 파악하도록 한다. 학생들에게 간이청진기를 만드는 방법과 청진기 사용법을 알려준 뒤 2인 1조로 복부 장음을 청진하도록 교육한다. 이때, 같은 성별로 조를 구성하여 진행하는 것을 권장하며 장난치지 않도록 교육한다. 마지막으로, '소화기계 질병 카드뉴스 제작하기' 활동을 통해 역류성 식도염, 췌장암 등의 소화기계 질병 중 1가지를 택하여 조사하고 해당 질병의 원인, 증상, 치료 및 간호에 대해 카드뉴스를 제작하도록 지도한다. 이후 발표를 통해 베스트 카드뉴스를 선정하고 우수작품은 게시판에 전시하도록 한다.

단계	교수·학습활동	활동 자료 또는 유의점
도입	**1. 동기 유발** – 전시학습 내용 복습 **2. 학습 목표 제시 및 학습 과정 안내**	
전개	**1. [강의] 소화기계 계통** – 소화기계의 해부학적 구조 – 소화기계의 기능	· PPT 활용
	2. [짝 활동] 복부 장음 청진 활동 – 복부 장음 청진 활동 안내 **[활동 안내]** 1) 2인 1조(모둠)로 활동하기 2) 복부사분면 위치 찾아보기 – 활동지를 통해 복부사분면에 위치한 복강 내 장기 위치 파악하기 3) 간이청진기 제작 및 청진기 사용법 파악하기 – 짝과 함께 간이청진기를 제작하고, 청진기 사용법(on/off)에 대해 알아보기 4) 복부 장음 청진하기 – 1분간 짝과 함께 돌아가며 복부 장음을 청진하며, 장음 양상에 대해 활동지 작성하기	**[활동 자료]** · 간이청진기 제작set, 청진기 · 활동지 **[유의점]** · 청진기 사용 시 장난치지 않도록 주의하여 교육한다. · 청진기를 손바닥으로 따뜻하게 데워서 청진하도록 한다.
	3. [개별 활동] 소화기계 질병 카드뉴스 **[활동 안내]** 1) 소화기계 카드뉴스 활동 방법 안내 – 본인이 원하는 소화 계통 질병 1가지를 선정하여 원인, 증상, 치료 및 간호 내용이 들어가도록 카드뉴스 제작하기 2) 소화기계 카드뉴스 평가 안내 – 평가 방법: 자기 평가 및 교사 평가 – 구체적인 기준 설명하기	– 노트북이나 컴퓨터
	4. [평가] 소화기계 질병 카드뉴스 – 평가 방법: 자기 평가, 교사 평가	
정리	**1. 수업 내용 정리** **2. 다음 차시 안내**	

평가 계획

1 평가 개요

성취 기준	2)-라) 소화 계통 질환				
평가 유형	☑의사소통형	☐ 학습확인형	☐ 포트폴리오형	☑ 실험실습형	☐ 기타:
평가 방법	☑ 자기 평가		☐ 동료 평가		☑ 교사 평가
평가 대상	☑ 개인		☑ 소그룹		☐ 학급 전체
평가 시기	☐ 도입		☑ 수업 중		☐ 수업 마무리

2 평가 세부 척도

- 자기평가

평가요소	평가기준	평가척도		
		상	중	하
참여도	부여된 과제 내에서 주어진 역할을 충실히 수행함			
의사소통	모둠원 간 서로 협력하여 의견을 나눔			
내용의 충실성	선정한 주제와 적합하고 내용이 구체적이며 결과물의 완성도가 높음			

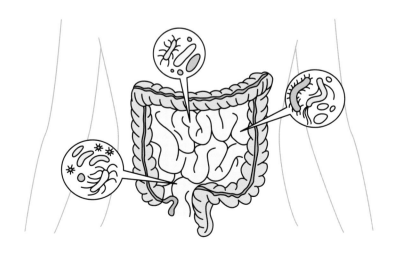

■ 교사 평가 (카드뉴스 제작활동)

평가 요소	평가기준	배점		합계
내용의 정확성	소화 계통 질환의 원인, 증상, 간호의 내용을 모두 포함하지 않음	10	40	100
	소화 계통 질환의 원인, 증상, 간호의 내용 중 일부만 제시됨	20		
	소화 계통 질환의 원인, 증상, 간호의 내용이 제시되었지만 구체적이지 않음	30		
	소화 계통 질환의 원인, 증상, 간호의 내용이 구체적으로 제시됨	40		
카드뉴스 구성력	글과 그림 자료를 적절히 사용하지 않아 시각성이 떨어짐	10	30	
	글과 그림 자료를 모두 사용하여 시각적으로 표현함	20		
	글과 그림 자료를 모두 사용하였고, 창의적이고 체계적으로 표현함	30		
발표력	말의 속도, 크기, 시선 처리와 내용 전달이 매우 부족함	10	30	
	말의 속도, 크기, 시선 처리와 내용 전달이 다소 부족함	20		
	말의 속도, 크기, 시선 처리와 내용 전달이 매우 우수함	30		

3 세부능력 및 특기사항 기록 예시

■ 성취기준에 따른 성취수준   ■ 수행 과정 및 결과   ■ 교사 총평

소화 계통의 해부학적 구조를 이해하고, 소화 계통 질환의 원인 및 증상을 통해 병태생리 기전을 기반으로 대상자의 질병 회복을 위한 치료 및 간호에 대해 학습함. 소화기계의 장기인 식도, 위, 간, 십이지장, 소장, 대장의 복강 내 위치를 확인하기 위해 직접 시진 및 촉진해보며 파악해봄. 복부의 해부학적 구조를 학습하고, 짝과 함께 직접 청진기를 이용하여 복부 내 장음을 청진함. 특히 복부 내 장음이 가장 활발하게 들리는 부위를 찾고자 하는 호기심을 가지고 회맹판 부위에서 진지하게 청진하는 적극적인 모습을 보임. 복부 장음 청진 시 대상자가 긴장하지 않도록 부드럽게 분위기를 이끌며 청진기를 손바닥으로 따뜻하게 데워주는 섬세함이 돋보이는 학생임. 소화기계 카드뉴스 제작하기 활동에서 역류성 식도염을 선정하여 해당 질병의 원인, 증상, 치료 및 간호에 대해 한눈에 알아보기 쉽게 카드뉴스로 제작함. 평상시 수업에 적극적으로 참여하고 수행과제에 대한 완성도가 높으며, 활동 후 심화 학습에 대한 갈망이 높아 예비 의료인으로서 적합한 자질을 지님.

공동교육과정 '간호의 기초'

소화계통에 대해 알아봅시다

오늘의 학습목표

01 소화계통 질환의 원인 및 증상과 치료법을 연관 지어 설명할 수 있다.

02 소화계통 대상자의 질병 회복을 위한 자료 및 간호 돕기 등의 간호(보조) 업무를 수행할 수 있다.

03 소화계통 복부 청진을 실습하고, 청진의 양상을 파악할 수 있다.

소화계통의 정의 및 구성

□ 소화계통이란?
- 음식물을 섭취한 후 잘게 부수면서 효소를 통해 분해한 후 영양소를 흡수하며 흡수되고 남은 잔여물을 밖으로 배설하는 기관계이다.
- 크게 구강, 인두, 식도, 위, 소장, 대장, 항문으로 구성된 소화관과 타액선, 치아, 간, 담낭, 췌장이 속한 부속기관으로 나누어진다.

소화기계의 기능

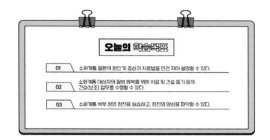

복부사분면

간이정친기 만들기

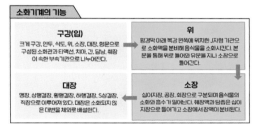

혼비물 : 비닐관, 끝때기, Y자관, 이어폰커버, 풍선, 고무호스

소화기계 카드뉴스 제작하기

- 활동 시간 : 1시간
- 활동 방법 : 미리캔버스나 망고보드 등을 활용하기
- 활동 내용 : 교과서를 참고하여 소화기계 질병 중 1가지를 선정하여 질병의 원인, 증상, 치료법 등이 들어가도록 카드뉴스를 제작해봅시다.
- 평가 기준 : 아래 평가표 참고하기

발표 및 평가하기

오늘 제작한 소화기계 카드뉴스 결과물에 대해 발표해봅시다.

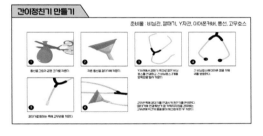

활동 결과물

카드뉴스 제작 결과물

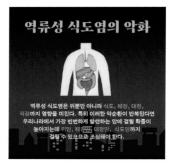

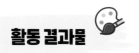

활동 결과물

카드뉴스 제작 결과물

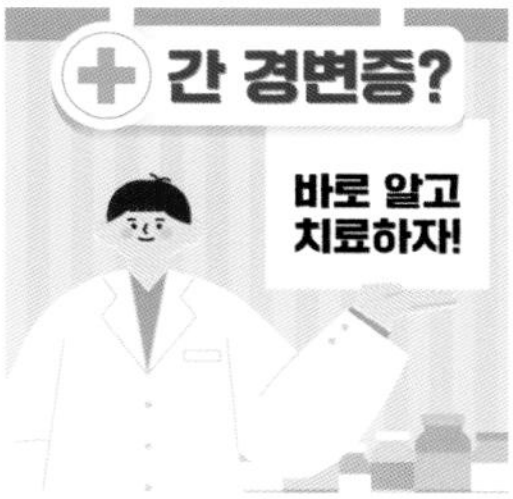

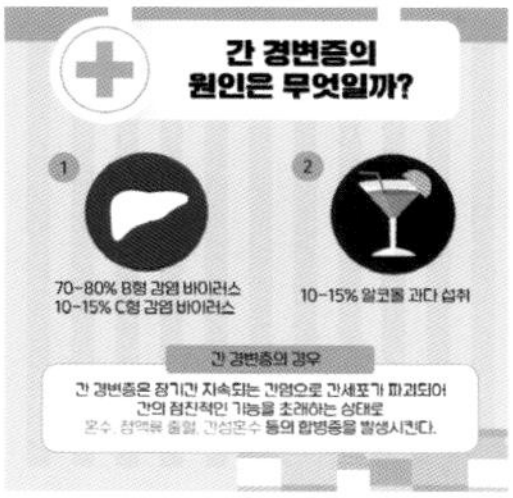

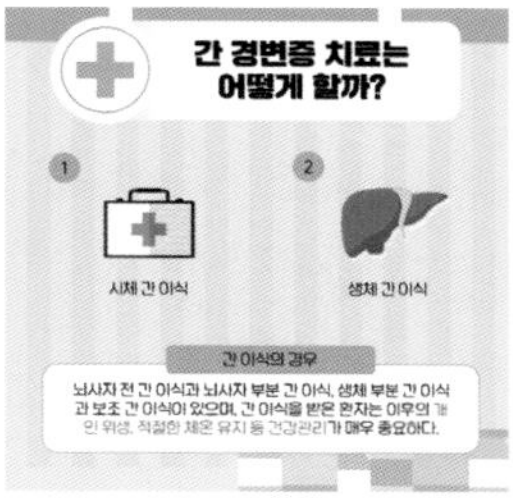

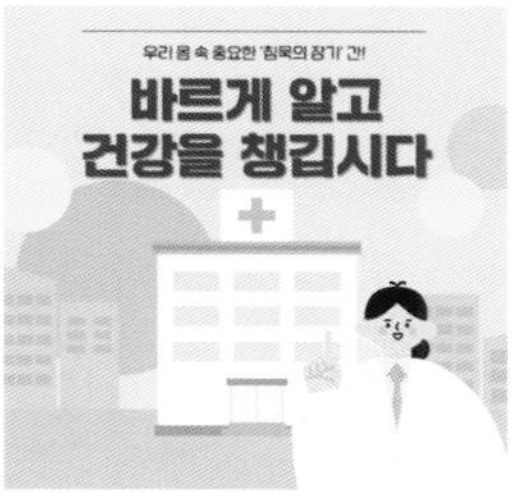

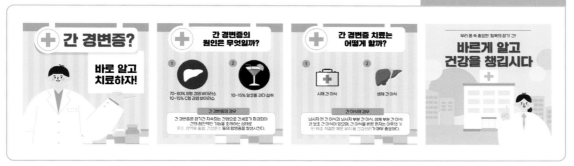

카드뉴스 제작 결과물

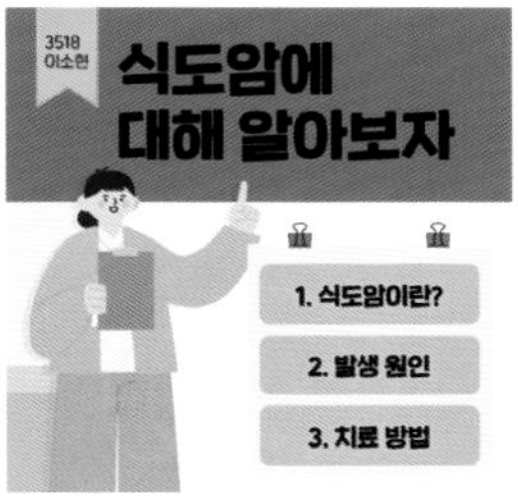

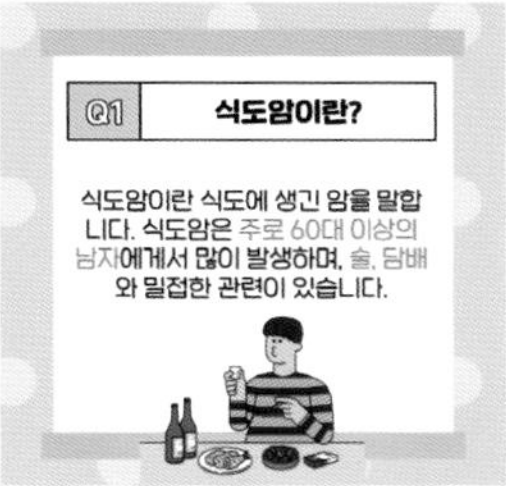

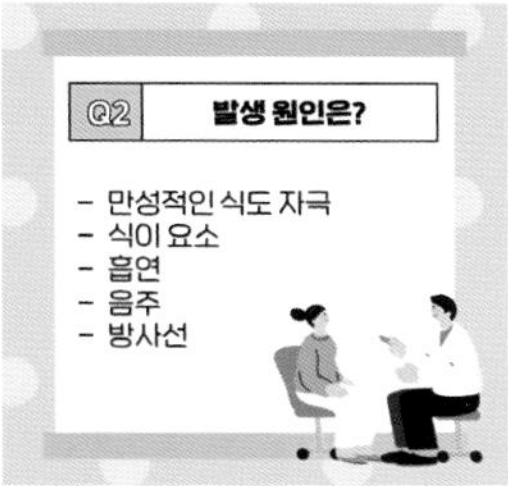

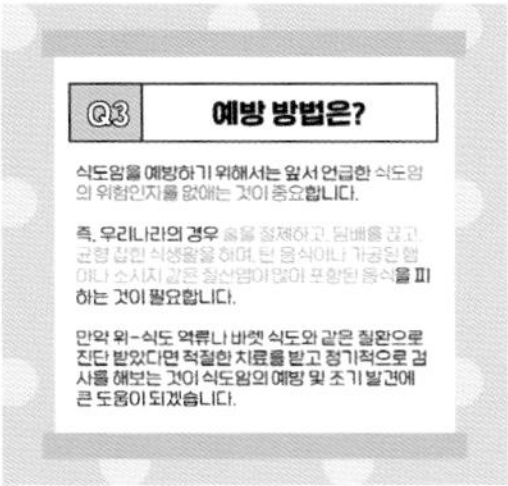

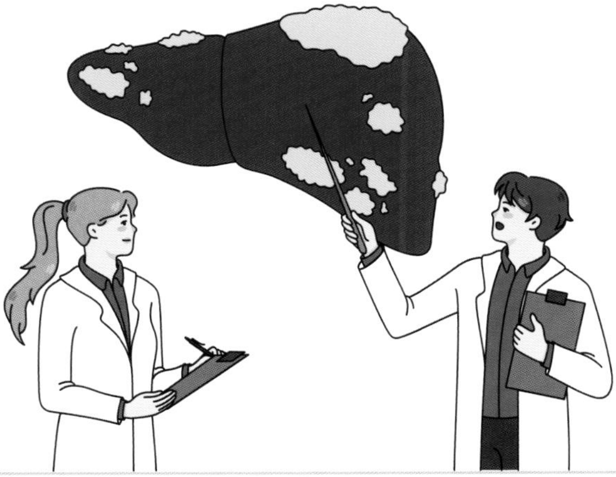

■ 참고 자료 출처

- 김연숙 외 6인(2013), 건강사정 2판, 포널스출판사, 21~35, 225~246
- 김연화 외 3인(2022), 고등학교 인체 구조와 기능, 포널스출판사, 142~169
- 김현하 외 6인(2023), 고등학교 간호의 기초, 포널스출판사, 102~118
- 간이청진기 구매 사이트, 과학사랑, http://sciencelove.co.kr/?NaPm=ct%3Dlgnoio7l%7Cci%3Dcheckout%7Ctr%3Dds% 7Ctrx%3D%7Chk%3D64a3cbf9e3201ac752633035c376b57a7a9803fe)

05 임신·분만 및 산욕기 간호 계단북 만들기

교수·학습 계획

수업방법	강의식, 협동학습	운영 형태	off
대단원	III. 대상자별 간호	예상 차시	2차시
중단원	12. 임신·분만 및 산욕기 간호		
준비물	PPT, 활동지, 색지 3장, 네임펜, 색연필, 사인펜		
성취기준	3)-가) 임신·분만 및 산욕기 간호 보조		
학습목표	· 임신·분만 및 산욕기 간호에 대해 알고 설명할 수 있다. · 임신·분만 및 산욕기와 관련하여 계단북을 제작할 수 있다.		

수업 흐름도

STEP 1	임신·분만 및 산욕기 간호 이해하기
STEP 2	초산모를 위한 계단북 작성하기
STEP 3	계단북 전시 및 평가하기

임신·분만 및 산욕기 간호 수업을 통해 이해한 내용을 계단북 형식으로 정리하여 수업 내용을 확인할 수 있도록 구성한다. 먼저, 임신과 분만의 개념을 잘 모르는 학생들에게 자신의 태명을 발표하는 시간을 통해 수업의 흥미를 유발하며 수업을 진행한다. 학생들은 강의식 수업을 통해 임신·분만 및 산욕기 간호에 대해 숙지할 수 있다.

다음으로 초산모라면 임신과 분만에 대해 알아야 하는 내용으로 계단북을 구성하여 제작하도록 하며, 저마다 특색이 드러날 수 있도록 각 모둠의 목차 구성에 자유를 둔다. 내용 구성 방법은 기사, 인터뷰, 잡지, 만다라트, SNS, Q&A, 대화 형식 등을 활용할 수 있다. 내용뿐만 아니라 구성과 배치를 모둠원과의 협력을 통해 결정해야 하므로 협동심과 의사소통 능력 또한 필요하다.

계단북 제작 후에는 각 모둠별로 전시하고 평가하여 다른 모둠에게 피드백 받을 수 있도록 한다. 수업과 활동을 마친 후, 학생들 개개인의 관심도가 드러날 수 있도록 꼬리 질문을 스스로 생각하고 작성하도록 하여 탐구 능력을 함양시킬 수 있다.

수업 지도안

단계	교수·학습활동	활동 자료 또는 유의점
도입	**1. 동기 유발** - 자신의 태명에 대한 이야기 나누기 **2. 학습 목표 제시 및 학습 과정 안내**	· PPT 활용
전개	**1. [강의] 임신·분만 및 산욕기의 증상 및 간호** - 임신·분만 및 산욕기 증상과 변화 - 임신·분만 및 산욕기 간호	· PPT 활용
	2. [모둠 활동] 임신·분만 및 산욕기의 주요 증상 탐색 - 모둠 구성(4인 1모둠) 및 계단북 제작 활동 안내 [활동 안내] 1) 계단북 작성 방법 안내 　① 색지 3장을 인덱스 부분이 계단 모양으로 나오도록 접어 고정한다. 　② 초산모 가이드북 주제를 선택하고 다양한 방식으로 표현한다. (기사, 인터뷰, 잡지, 만다라트, SNS, Q&A, 대화 형식 등) 2) 계단북 내용 구성: 주제, 형식, 사진 자료 등 선정 3) 계단북 제작 4) 발표 분량(5분 이내) 및 평가항목 안내 - 결과물 전시 및 발표	· 모둠별 특색이 나타날 수 있도록 계단북 구성에 제한을 두지 않는다.
	3. [활동] 꼬리 질문 작성 [활동 안내] 1) 수업을 듣고 직접 궁금한 점을 생각하여 꼬리 질문을 만들고 답변 찾기 2) 꼬리 질문과 관련된 활동 포스터 만들기 3) 모둠별로 꼬리 질문 발표 및 베스트 질문 선정하기	[활동 자료] · 꼬리 질문 활동지 · 색지, 사인펜, 색연필 [유의점] · 꼬리 질문은 수업과 관련하여 스스로 고민하고 답할 수 있도록 한다.
	4. [평가] 평가하기 - 평가 방법: 자기 성찰 평가, 교사 평가	
정리	**1. 임신·분만 및 산욕기의 증상과 간호 정리** **2. 다음 차시 안내**	

평가 계획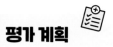

1 평가 개요

성취 기준	3)-가) 임신·분만 및 산욕기 간호 보조				
평가 유형	☐ 의사소통형	☑ 학습확인형	☐ 포트폴리오형	☐ 실험실습형	☐ 기타:
평가 방법	☑ 자기 평가		☐ 동료 평가		☑ 교사 평가
평가 대상	☑ 개인		☑ 소그룹		☐ 학급 전체
평가 시기	☐ 도입		☐ 수업 중		☑ 수업 마무리

2 평가 세부 척도

▪ 자기 성찰 평가 (계단북 만들기)

평가요소	평가기준	평가				
내용의 충실성	선정한 주제와 적합하고 내용이 구체적이며 결과물의 완성도가 높음					
의사소통	모둠원 간 서로 협력하여 의견을 나누며 소통함					
참여도	모둠에서 주어진 역할을 충실히 수행함					
수업 소감						

▪ 교사 평가 (계단북 만들기)

평가요소	평가기준	배점	1 모둠	2 모둠	3 모둠	4 모둠
주제의 적절성	수업과 관련된 내용으로 주제로 구성함	20				
내용의 충실성	내용이 구체적이며 결과물의 완성도가 높음	20				
표현의 창의성	조화롭게 시각적으로 표현함	20				
역할 및 소통	자신의 역할을 충실히 수행하고, 조원 간 서로 협력하며 의견을 나눔	20				
발표 및 경청	발표에 적극적으로 참여하고, 다른 모둠 발표 시 집중하여 경청함	20				
합계		100				

성취기준에 따른 성취수준　　수행 과정 및 결과　　교사 총평

　　임신과 관련하여 겪을 수 있는 증상과 상황을 학습하고 임신을 계획하여야 건강한 출산으로 이어진다는 점을 이해하며, 임신과 분만의 증상에 따른 간호를 명확히 설명함. 계단북을 만들기 위해 교과서와 다양한 매체를 활용하여 적극적으로 자료를 수집하였으며, 계단북을 임신 전, 중, 후로 구분하여 순서에 따라 완성도 높게 제작함. 다양한 시각적 자료를 활용하여 초산모들의 흥미를 유발하도록 구성하여 높은 평가를 받음. 임신 후 호르몬에 의해 모유가 나오는 점을 이해하고, 임신 중에도 모유가 나오는지 궁금증을 갖고 자료를 조사하여 카드뉴스를 구성하는 모습에서 교과 탐구심을 확인할 수 있었음. 모둠원과 적극적으로 의사소통하며 활동하였으며, 자신의 의견은 정확하게 전달하되 모둠원의 의견 또한 수용하여 결과물을 제작하는 능력이 뛰어남.

교육 활동 자료

아기 낳는 만화

갑작스레 임신 소식을 접하고 서서히 신체적·정신적 변화를 겪으며 마침내 출산에 이르기까지 작가의 임신·출산 경험을 생생하고 솔직하게 풀어냈다. 다른 육아 만화와 달리, 육아 전 임신 과정을 리얼하게 그려냄으로써 여태껏 들어보지 못한, 그러나 많은 임산부들이 겪어온 수많은 경험에 대한 내용이 담겨있다.

*출처: 쇼쇼(2019), 「아기 낳는 만화」, 위즈덤하우스

임신 출산 육아 대백과

「임신 출산 육아 대백과」 2022년 개정판은 가이드 구성에 충실하게 초보엄마들이 궁금할 만한 내용을 사진으로 꼼꼼하게 보여준다. 임신 중 요가, 산후조리, 육아의 기초(신생아 목욕시키기, 옷 입히기 등)의 과정을 사진으로 보여주어 슬라이드를 넘기듯 한눈에 육아의 기초를 알 수 있다.

임신, 출산, 육아의 각 단계를 시간 순서별로 나누어 Step1부터 Step11로 구분해 필요한 부분을 쉽게 찾아볼 수 있다. 초보엄마들이 실수하기 쉬운 부분, 꼭 알아야 할 부분을 세심한 정보 박스로 정리해 놓치지 않고 볼 수 있게 했다.

*출처: 삼성출판사 편집부(2015), 「임신 출산 육아 대백과」, 삼성출판사

임신·분만 및 산욕기 간호

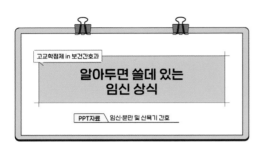

고교학점제 in 보건간호과

**알아두면 쓸데 있는
임신 상식**

PPT자료 │ 임신·분만 및 산욕기 간호

너의 태몽을 알려줘!

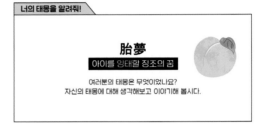

胎夢

아이를 잉태할 징조의 꿈

여러분의 태몽은 무엇이었나요?
자신의 태몽에 대해 생각해보고 이야기해 봅시다.

한눈에 보는 임신과 출산

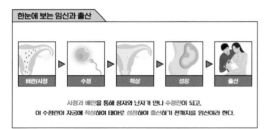

| 배란/사정 | 수정 | 착상 | 성장 | 출산 |

사정과 배란을 통해 정자와 난자가 만나 수정란이 되고,
이 수정란이 자궁에 착상하여 태아로 성장하여 출산하기 전까지를 임신이라 한다.

임신 전 건강 관련 O/X 퀴즈

1	임신 전 건강은 건강에 문제가 있는 사람들에게만 중요하다.	O	X
2	여성은 임신하기 한 달 전에 의사와 상담하고 건강검진을 받아야 한다.	O	X
3	남성은 임신 전에 특별히 건강에 대해 걱정할 필요가 없다.	O	X
4	계획하지 않은 임신은 조산이나 저체중아를 출산하는 비율이 높다.	O	X
5	엽산은 임신 준비 전부터 먹는 것이 좋다.	O	X

한눈에 보는 임신 후 변화

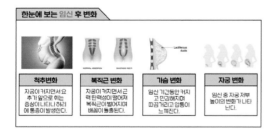

척추변화	복직근 변화	가슴 변화	자궁 변화
자궁이 커지면서 요추가 앞으로 휘는 증상이 나타나 허리에 통증이 발생한다.	자궁이 커지면서 근력 탄력성이 떨어져 복직근이 벌어지며 배꼽이 돌출된다.	임신 기간동안 커지고 민감해지고 따끔거리고 압통이 느껴진다.	임신 중 자궁 저부 높이의 변화가 나타난다.

한눈에 보는 분만 기전

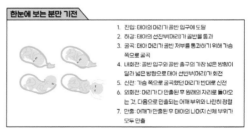

1. 진입: 태아의 머리가 골반 입구에 도달
2. 하강: 태아의 선진부(머리)가 골반을 통과
3. 굴곡: 태아 머리가 골반 저부를 통과하기 위해 가슴 쪽으로 굴곡
4. 내회전: 골반 입구와 골반 출구의 가장 넓은 방향이 달라 넓은 방향으로태아 선빈부(머리)가 회전
5. 신전: 가슴 쪽으로 굴곡했던 머리가 반대로 신전
6. 외회전: 머리가 다 만출된 후 원래의 자리로 돌아오는 것. 다음으로 만출되는 어깨 부위와 나란히 정렬
7. 만출: 어깨가 만출된 후 태아의 나머지 신체 부위가 모두 만출

한눈에 보는 출산 후 변화

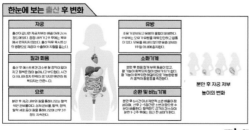

자궁	유방
질과 회음	소화기계
요로	순환 및 비뇨기계

분만 후 자궁 저부
높이의 변화

계단북 만들기

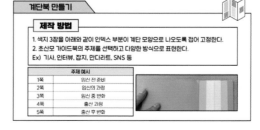

제작 방법

1. 색지 3장을 아래와 같이 인덱스 부분이 계단 모양으로 나오도록 접어 고정한다.
2. 초산모 가이드북의 주제를 선택하고 다양한 방식으로 표현한다.
Ex) 기사, 인터뷰, 잡지, 만다라트, SNS 등

주제 예시	
1쪽	임신 전 준비
2쪽	임신의 과정
3쪽	임신 중 변화
4쪽	출산 과정
5쪽	출산 후 변화

활동 결과물

모둠 활동 및 계단북 결과물

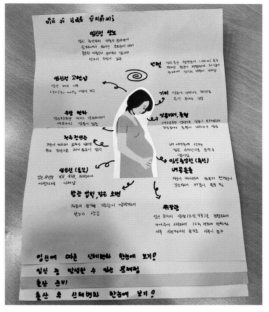

■ 참고 자료 출처
- 우치갑 외 8인(2018), 수업이 즐거운 교육과정-수업-평가-기록의 일체화, 테크빌교육, 216~217
- 김현하 외 6인(2023), 간호의 기초, 포널스, 206-216
- 문미선 외 11인(2016), 간호대학생을 위한 쉬운 일러스트 해부생리학 인체의 신비 Q&A2, 군자출판사
- 쇼쇼(2019), 아기 낳는 만화, 위즈덤하우스
- 삼성출판사 편집부(2015), 임신 출산 육아 대백과, 삼성출판사

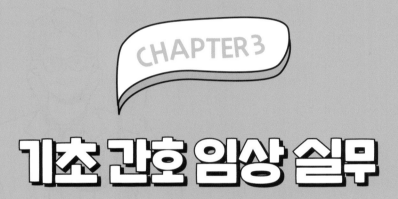

CHAPTER 3

기초 간호 임상 실무

01
활력징후 포스터 제작 및 측정 실습

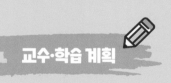

교수·학습 계획

수업방법	강의식, 협동학습, 디자인 씽킹, 실기·실습	운영 형태	off
대단원	II. 활력 징후 측정	예상 차시	3~4차시
중단원	2. 체온 측정 3. 맥박 측정 4. 호흡 측정 5. 혈압 측정		
준비물	색연필, 사인펜, B4종이, 초침시계, 손소독제, 소독솜, 트레이, 체온계, 혈압계, 청진기, PPT, 활동지		
성취기준	2)-나) 체온 측정 2)-라) 맥박 측정 2)-마) 혈압 측정		
학습목표	· 활력징후 측정을 올바르게 시행할 수 있다. · 활력징후 정상 범위와 주의 사항을 설명할 수 있다.		

수업 흐름도

STEP 1	활력징후 이론 설명
STEP 2	활력징후 포스터 제작
STEP 3	활력징후 측정 실습
STEP 4	수업 활동 내용 평가 및 활력징후 마인드맵 정리 활동

　활력징후 실습에 앞서 학생들이 병원에서 건강검진을 받거나, 입원 시 건강사정을 위해 체온, 맥박, 호흡, 혈압을 측정해본 경험이 있는지 이야기를 나누어보며 학습에 대한 흥미와 호기심을 유발한다. 그다음 활력징후가 무엇을 의미하고 어떻게 측정하는지, 주의 사항은 어떤 점이 있는지 등에 관해 설명한다. 이론적인 내용을 숙지한 후에는 개별 활동으로 활력징후 정의, 측정 방법, 주의 사항 등의 내용을 담은 포스터를 제작하여 실습 전에 내용을 정리해보는 시간을 갖도록 한다.

　이후 활력징후 실습 시 측정 방법을 교사가 영상을 곁들여 직접 시범을 보이며 자세히 지도한다. 특히 혈압 측정을 어려워하는 학생이 많기 때문에 영상 속 코르트코프음을 들려주면 원활한 연습을 도울 수 있다. 학생들은 2인 1조가 되어 서로 활력징후를 측정한다. 이때, 체크리스트를 활용하여 올바른 순서와 방법으로 실습할 수 있도록 한다. 교사는 실습 활동 전에 자기 성찰 평가와 동료 평가 척도를 미리 학생들에게 제시하여 실습 활동에 적극 참여하도록 동기를 부여한다.

　실습 후에는 수업 마무리 활동으로 활력징후 마인드맵 활동지를 활용하여 학습 내용을 정리한다. 본 수업지도안은 활력징후와 관련된 포스터 제작, 학생 참여형 실습, 마무리 마인드맵 활동까지 수록하여 이론과 실습을 탄탄하게 연계하고자 하였다.

수업 지도안

단계	교수·학습활동	활동 자료 또는 유의점
도입	**1. 동기 유발** - 병원에서 활력징후(체온, 맥박, 호흡, 혈압) 측정했던 경험 공유하기 **2. 학습 목표 제시 및 학습 과정 안내**	· PPT 활용
전개	**1. [강의] 활력징후 이론 설명** - 활력징후 의의 - 체온, 맥박, 호흡, 혈압 정상 범위 - 체온, 맥박, 호흡, 혈압 측정 방법 - 체온, 맥박, 호흡, 혈압 측정 주의 사항	· PPT 활용 · 직접 시범, 영상 활용
	2. [개별 활동] 활력징후 포스터 제작 - 활력징후 정의, 측정 방법, 주의 사항 등의 내용을 포함하여 포스터 제작하기	· 색연필, 사인펜, B4 종이 · 포스터는 글보다는 그림으로 한눈에 보이도록 제작
	3. [실습 활동] 활력징후 측정 실습 - 짝 구성(2인 1조) 및 활동 안내, 실습 활동 진행 [활동 안내] 1) 평가 척도 제시 2) 2인 1조로 짝 구성하여 준비물 챙기기 3) 짝과 번갈아가며 실습 활동에 참여하고, 짝이 실습하는 동안 체크리스트에 체크하기 - 체온, 맥박, 호흡, 혈압 측정	· 실습 물품 준비(초침시계, 손소독제, 소독솜, 트레이, 체온계, 혈압계, 청진기) · 체크리스트 활용
	4. [평가] 평가 및 소감 나눔 - 평가 방법: 자기 성찰 평가 - 평가 후 실습 활동에 대한 소감 나누기	· 평가지 활용
정리	**1. 활력징후 학습 내용 정리** - 활력징후 마인드맵 정리 활동 **2. 다음 차시 안내**	· 활동지 활용

평가 계획

1 평가 개요

성취 기준	2)-나) 체온 측정 2)-라) 맥박 측정 2)-마) 혈압 측정				
평가 유형	☐ 의사소통형	☐ 학습확인형	☐ 포트폴리오형	☑ 실험실습형	☐ 기타:
평가 방법	☑ 자기 평가		☑ 동료 평가		☐ 교사 평가
평가 대상	☑ 개인		☑ 소그룹		☐ 학급 전체
평가 시기	☐ 도입		☑ 수업 중		☐ 수업 마무리

2 평가 세부 척도

- 자기 성찰 평가(오늘 수업 되돌아보기)

자 기 평 가	실습 참여도	☆ ☆ ☆ ☆ ☆	활력징후 실습에 적극적으로 참여함
	내용 숙지	☆ ☆ ☆ ☆ ☆	활력징후 측정 방법 및 순서를 이해함
	역할 및 소통	☆ ☆ ☆ ☆ ☆	짝과 서로 협력하며 소통함
	나는 수행평가 기준의 어느 영역에서, 어떻게 잘했나요?		
	다음 실습 활동을 더 잘하기 위해 어떻게 해야 할까요?		

■ 동료 평가(실습 체크리스트 활용)

평가 요소	평가영역	평가 척도	평가기준
실습 수행도	고막체온 및 맥박과 호흡	상	실습 절차(15개)를 12개 이상 수행함
		중	실습 절차(15개)를 9개 이상 12개 미만으로 수행함
		하	실습 절차(15개)를 9개 미만으로 수행함
	혈압	상	실습 절차(12개)를 10개 이상 수행함
		중	실습 절차(12개)를 7개 이상 10개 미만으로 수행함
		하	실습 절차(12개)를 7개 미만으로 수행함

3 세부능력 및 특기사항 기록 예시

■ 성취기준에 따른 성취수준 ■ 수행 과정 및 결과 ■ 교사 총평

환자의 건강 상태를 알기 위한 기본적인 측정값이 활력징후임을 알고 체온, 맥박, 호흡, 혈압의 정상 범위와 측정 시 주의 사항을 학습한 후 직접 측정해보며 실습함. 특히 혈압을 처음 측정해보는데도 코르트코프음을 인지하여 수축기압과 이완기압을 정확하게 측정하는 모습이 인상적임. 활력징후 포스터 만들기 활동에서는 활력징후가 낮거나 높게 측정되는 상황에 대해 탐구하고 해당하는 상황을 직접 비교해보며 실습하는 열정적인 모습도 관찰됨. 다른 모둠에서 실습하는 데 어려움을 겪는 모습을 보이면 먼저 다가가 자신이 알게 된 방법들을 공유하며 학생들에게 자발적으로 가르쳐주는 모습이 기특한 학생임. 해당 학생의 적극적인 태도는 추후 전공 분야를 학습하는 데도 빛을 발할 것으로 보임.

고막체온 측정 시 성인과 소아의 측정 방법이 다른 이유에 대해 분석하고, 맥박을 측정할 수 있는 동맥 위치를 탐구하는 등 열정적으로 수업에 참여하는 모습을 보임. 조사한 내용을 바탕으로 활력징후 포스터를 제작하여 수준 높은 결과물을 제출함. 활력징후 측정 활동 시 실습 체크리스트에 따라 정확한 방법과 절차로 수행하며 동료 평가에서 높은 점수를 획득함. 활력징후 중 호흡에 대해 배우고, 호흡계통의 기능과 연관 지어 폐포의 가스교환 및 호흡조절을 숙지하였으며, 이에 그치지 않고 물속에 사는 어류의 경우 호흡을 어떻게 하는지 호기심을 갖고 호흡의 과정을 찾아보는 등 자신의 진로와 학습 내용을 연계함. 학습 활동에 적극적으로 참여하는 모습이 인상적이며, 학습 내용을 융합하는 역량이 뛰어난 학생으로 앞으로의 발전이 더욱 기대됨.

교육 **활동 자료**

영상 자료 | 핵심 기본 간호술 활력징후 측정 영상

실제 소리를 듣고 혈압을 맞춰보세요 (수동 혈압기 측정 연습)

소소한 일상(2019), 실제 소리를 듣고 혈압을 맞춰보세요 (수동 혈압기 측정 연습)
https://youtu.be/9C5HkpiZWUY

Vital Sign 1탄 - 혈압재는법
조회수 15만회 · 1년 전
옆집간호사 구슬언니
혈압재는법 #Vitalsign 오늘은 똑똑이들이 실습나가면 지겹~~게 까지만 이게 도대체 어떻게 하는거야 어렵기도한 혈압재는

Vital Sign 2탄 - 맥박 호흡 체온 재는 방법!
조회수 5 1만회 · 1년 전
옆집간호사 구슬언니
체온재는법 #Vitalsign #바이탈 지난 영상에 이어 Vital 재는 Sign 2탄! 맥박과 호흡, 그리고 체온 재는 방법을 알아보자!

- 옆집간호사 구슬언니(2021), Vital Sign 1탄 - 혈압 재는 법 https://youtu.be/9zn00OrdFM6o
- 옆집간호사 구슬언니, Vital Sign 2탄 - 맥박 호흡 체온 재는 방법 https://youtu.be/BiSwPH1w2UU

활력징후 측정하기

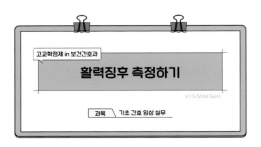

고교학점제 in 보건간호과
활력징후 측정하기
V / S (Vital Sign)

과목 | 기초 간호 임상 실무

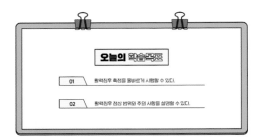

오늘의 학습목표

01 활력징후 측정을 올바르게 시행할 수 있다.

02 활력징후 정상 범위와 주의 사항을 설명할 수 있다.

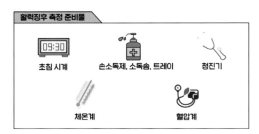

활력징후 측정 준비물

초침 시계 | 손소독제, 소독솜, 트레이 | 청진기

체온계 | 혈압계

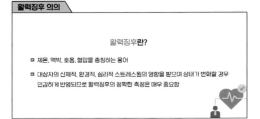

활력징후 의의

활력징후란?

□ 체온, 맥박, 호흡, 혈압을 총칭하는 용어

□ 대상자의 신체적, 환경적, 심리적 스트레스원의 영향을 받으며 상태가 변화할 경우 민감하게 반영되므로 활력징후의 정확한 측정은 매우 중요함

활력징후 정상 범위

구분	정상범위
액와체온	36.6 ~ 37.0℃
맥박	60~100회 / 분
호흡	12~20회 / 분
혈압	120 / 80mmHg 미만

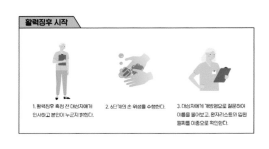

활력징후 시작

1. 활력징후 측정 전 대상자에게 인사하고 본인이 누군지 밝힌다.

2. 6단계의 손 위생을 수행한다.

3. 대상자에게 개방형으로 질문하여 이름을 물어보고, 환자리스트와 입원 팔찌를 이중으로 확인한다.

활력징후 - 체온

성인 : 우상방
소아 : 후하방

- 체온이란?
  신체 내부의 온도
- 정상 범위: 36.6°C~37°C (성인 기준)
- 고막 체온 측정: 귀를 노출시킨 후 귓바퀴를 (성인은 우상방, 소아는 후하방)으로 당긴 다음, 탐침을 부드럽게 외이도에 삽입하여 체온을 측정한다.
*체온계 끝은 모두 소독솜으로 닦아준다.

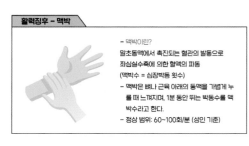

활력징후 - 맥박

- 맥박이란?
  말초동맥에서 촉진되는 혈관의 박동으로 좌심실수축에 의한 혈액의 파동
  (맥박수 = 심장박동 횟수)
- 맥박은 뼈나 근육 아래의 동맥을 가볍게 누를 때 느껴지며, 1분 동안 뛰는 박동수를 맥박수라고 한다.
- 정상 범위: 60~100회/분 (성인 기준)

활동 결과물

활력징후 포스터 만들기 활동 사진 및 활력징후 포스터, 마인드맵 결과물

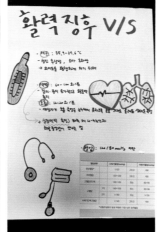

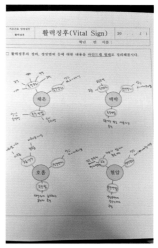

활력징후 측정 실습 활동 사진

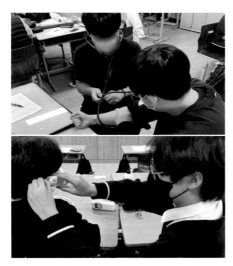

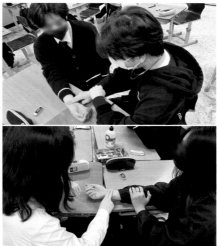

■ 참고 자료 출처
- 한국간호교육평가원(2017), 간호교육인증평가 핵심기본간호술 평가항목 프로토콜 제 4.1판, 4~7
- 모형중, 김지현(2020), 콜라보 핵심간호술, 포널스출판사, 9~22
- 소소한 일상(2019), 실제 소리를 듣고 혈압을 맞춰보세요(수동 혈압기 측정 연습), https://youtu.be/9C5HkpiZWUY
- 옆집간호사 구슬언니(2021), Vital Sign 1탄 - 혈압 재는 법, https://youtu.be/2wnMwRLotOg
- 옆집간호사 구슬언니, Vital Sign 2탄 - 맥박 호흡 체온 재는 방법, https://youtu.be/BiswPH7w2UU

02 주사 실습 (근육주사, 정맥주사)

수업방법	강의식, 실기·실습	운영 형태	off
대단원	X. 투약 보조	예상 차시	3차시
중단원	2. 투약 보조 시 주의 사항		
준비물	팔과 엉덩이 실습모형, 멸균장갑, Angio needle, 주사바늘과 주사기(3cc 또는 5cc), 지혈대, 주사약, 소독솜, 트레이, 반창고, 태블릿 PC, PPT, 활동지		
성취기준	10)-나) 투약 보조 시 주의 사항		
학습목표	투약 보조 시 주의 사항에 대한 지식과 기술을 적용하여 보조 업무를 수행할 수 있다.		

수업 흐름도

STEP 1	투약 오류 예방하기 활동
STEP 2	주사요법의 기본 개념 이해하기
STEP 3	근육주사와 정맥주사 실습하기
STEP 4	평가 및 정리하기

　　약물은 건강문제의 진단, 치료, 증상 완화, 예방을 위해 사용되므로 목적, 투여부위, 효과, 부작용 등을 정확하게 알고 올바르게 투여하는 것이 중요하다. 이에 약물투여 방법 중 비경구투여 방법인 근육주사와 정맥주사를 직접 실습하는 활동을 통해 학생들의 흥미를 유발하고, 올바른 투약 방법을 배우는 과정을 통해 미래 의료인으로서의 자질을 익히도록 한다.

　　도입에서는 병원에서 주사를 맞았던 경험을 자연스럽게 나누면서 투약에 대한 이야기를 시작한다. 전개에서는 투약의 기본 원칙을 학습하고, 투약 오류(사고)와 관련된 기사를 직접 검색하여 찾아보면서 대처 및 예방 방안을 탐색하는 활동을 진행한다. 활동을 통해 학생들은 복잡한 투약 과정으로 인해 투약 오류가 자주 발생할 수 있음을 깨닫고, 약물 준비 과정 및 투약 시 기본 원칙(5Right)을 지키는 것의 중요성을 알 수 있다. 실습 활동 전에는 주사요법의 기본 개념인 일반적 준비사항, 근육주사 및 정맥주사의 목적 등을 설명하여 학생들이 기본적인 이론 내용을 배운 후에 실습이 이뤄질 수 있도록 한다. 모형을 활용한 실습 과정에서 학생들은 실제 환자에게 주사요법을 적용하는 것 같은 현실감을 느낄 수 있어 수업에 진지하게 임하게 된다.

수업 지도안

단계	교수·학습활동	활동 자료 또는 유의점
도입	1. 동기 유발 – 병원에서 주사를 맞았던 경험 나누기 2. 학습 목표 제시 및 학습 과정 안내	· PPT, 띵커벨 활용

전개	1. [개별 활동] 투약 오류 예방하기 활동
	  – 활동 내용 안내
	
	  [활동 안내]
	  1) 투약 오류(사고) 관련 기사를 찾아본다.
	  2) 투약 오류(사고)의 대처 및 예방 방안을 생각해보고 활동지에 작성한다.
	  3) 작성한 내용을 발표한다.
		· PPT, 활동지 활용
		· 기사를 찾을 수 있도록 태블릿 PC 등을 준비한다.

	2. [강의] 주사요법의 기본 개념 이해
	  – 주사요법의 일반적 준비사항(주사기, 주사바늘, 주사부위)
	  – 근육주사와 정맥주사 목적, 부위, 부작용 등 설명하기
		· PPT 활용

	3. [실습 활동] 근육주사와 정맥주사 실습
	
	  [실습 안내]
	  1) 근육주사와 정맥주사의 영상 시청 및 과정 설명하기
	  2) 근육주사 실습하기
	  3) 정맥주사 실습하기
		[활동 자료]
		· PPT, 유튜브 활용
		
		[유의점]
		· 학생들이 다치지 않도록 멸균장갑을 착용하도록 한다.
		· 실습 과정을 이해할 수 있도록 피드백을 제공한다.

	4. [평가] 평가하기 – 평가 방법: 자기 성찰 평가 및 교사 개인 평가	
정리	1. 근육주사와 정맥주사 실습 과정 정리 2. 다음 차시 안내	

평가 계획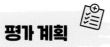

1 평가 개요

성취 기준	10)-나) 투약 보조 시 주의 사항				
평가 유형	☐ 의사소통형	☐ 학습확인형	☐ 포트폴리오형	☑ 실험실습형	☐ 기타:
평가 방법	☑ 자기 평가		☐ 동료 평가		☑ 교사 평가
평가 대상	☑ 개인		☐ 소그룹		☐ 학급 전체
평가 시기	☐ 도입		☑ 수업 중		☑ 수업 마무리

2 평가 세부 척도

- 자기 성찰 평가

평가항목	평가영역	평가기준	평가척도		
			상	중	하
근육주사	준비성	근육주사 실습에 필요한 물품을 잘 준비함			
	정확성	근육주사 실습항목을 순서에 맞게 정확하게 실습함			
	참여도	근육주사 실습에 적극적으로 참여함			
정맥주사	준비성	정맥주사 실습에 필요한 물품을 잘 준비함			
	정확성	정맥주사 실습항목을 순서에 맞게 정확하게 실습함			
	참여도	정맥주사 실습에 적극적으로 참여함			

- 교사 개인 평가

평가요소	평가항목	평가척도	평가기준
실습 수행도	근육주사	상	실습 절차(12개)를 10개 이상 수행함
		중	실습 절차(12개)를 8개 이상 10개 미만으로 수행함
		하	실습 절차(12개)를 8개 미만으로 수행함
	정맥주사	상	실습 절차(16개)를 14개 이상 수행함
		중	실습 절차(16개)를 11개 이상 14개 미만으로 수행함
		하	실습 절차(16개)를 10개 미만으로 수행함

성취기준에 따른 성취수준　　수행 과정 및 결과　　교사 총평

　투약의 원리 및 기본 원칙을 학습하고 근육주사와 정맥주사의 목적, 부위, 효과, 부작용 등을 구분하여 설명할 수 있음. 학습한 내용을 바탕으로 정맥주사의 실습 과정을 정확하게 적용하고자 노력하며 올바른 천자부위를 찾기 위해 집중하는 모습이 인상적임. 정맥주사 실습 평가 시 주사기 내관 속에 기포가 생기지 않게 여러 번 반복하여 실습하며 주사 삽입 부위, 각도, 방법까지 순서에 맞춰 성공적으로 실습함. 정맥주사 실습을 연습하는 과정에서 무균술을 잘 지키지 않을 때 생길 수 있는 부작용에 대해 궁금증을 갖게 되어 감염 증상으로 홍반과 열감이 나타나며, 이를 예방하기 위해 72시간마다 주사부위를 교환한다는 내용을 찾아 사고를 확장하고자 하는 모습이 보임. 투약 원리와 과정을 성실하게 배우고자 하는 열의가 뛰어나며, 투약의 기본 원칙 및 멸균술을 정확하게 수행하고자 하는 모습을 통해 미래 의료인으로 성장할 모습이 기대됨.

　투약의 기본 개념과 원칙을 학습하고 투약의 기본 원칙인 5Right을 적용한 올바른 투약 과정을 수행할 수 있음. 학습한 내용을 바탕으로 투약 오류 예방하기 활동에서 신문기사를 활용하여 투약의 기본 원칙 5Right 중 정확한 약물의 오류 기사를 찾아내고 예방 방안과 관리 방안에 대해 자신의 의견을 논리적으로 이끌어가는 모습이 인상적임. 주사 실습 활동에서 모형에 직접 근육주사를 적용하면서 초반에는 어려워하는 모습을 보였으나 천천히 여러 번의 연습 끝에 정확한 순서에 맞춰 수행함. 또한, 근육주사의 부위에 따른 특징을 구분하여 상황에 맞게 주사를 직접 투여할 수 있음. 자신이 맡은 바에 대한 책임감이 강하여 적극적으로 수업에 임하려는 자세를 보이며, 매 시간 과제 수행마다 포기하지 않고 끝까지 해내려는 모습이 돋보이는 학생으로 앞으로의 모습이 기대됨.

교육 **활동 자료**

참고 자료 | 근육주사 실습

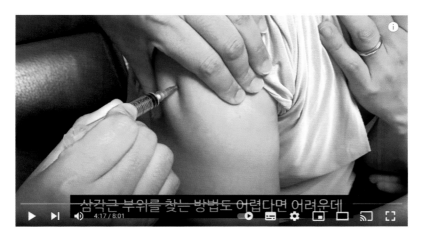

옆집간호사 구슬언니(2020), 근육주사 IM 놓는 법, 주사부위 쉽게 찾는 방법
https://www.youtube.com/watch?v=9zRyC3O5ris

참고 자료 | 정맥주사 실습

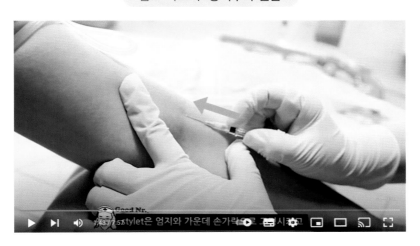

굿널스(2019), IV 정맥주사 놓는 법 intravenous injection 간호핵심술기
https://www.youtube.com/watch?v=oc7c7rbVrA9

주사 실습(근육, 정맥)

생각해보기

병원에서 주사를 맞았던 경험에 대해
이야기를 나눠 봅시다.

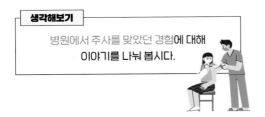

투약의 원칙 (5Right)

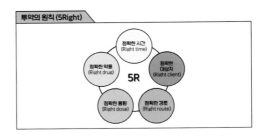

정확한 시간 (Right time)
정확한 약물 (Right drug)
정확한 대상자 (Right client)
5R
정확한 용량 (Right dose)
정확한 경로 (Right route)

[활동1] 투약 오류(사고) 관련 활동하기

STEP 1 — 투약 오류(사고) 관련 기사 찾아보기

STEP 2 — 투약 오류(사고)의 대처 및 예방 방안 작성하기

STEP 3 — 발표하기

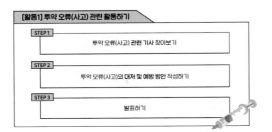

[POINT 2] 주사요법의 일반적 준비사항(주사기)

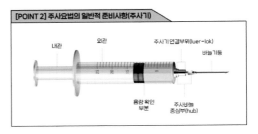

내관 외관 주사기 연결부위(luer-lok) 바늘기둥
용량 확인 부분 주사바늘 중심부(hub)

[POINT 2] 주사요법의 일반적 준비사항(주사바늘)

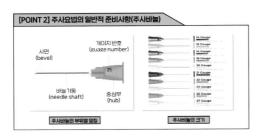

사면 (bevel)
게이지 번호 (guage number)
25
바늘기둥 (needle shaft)
중심부 (hub)

14 Gauge
16 Gauge
18 Gauge
20 Gauge
21 Gauge
22 Gauge
23 Gauge
25 Gauge
27 Gauge

주사바늘의 부위별 명칭 | 주사바늘의 크기

[POINT 2] 주사요법의 일반적 준비사항(주사부위)

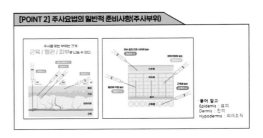

용어 참고
Epidermis : 표피
Dermis : 진피
Hypodermis : 피하조직

[POINT 3] 정맥주사 실습

함께 보면서 연습해보기
혈관의 정맥을
주사바늘로 천자하여
혈액 내로 직접
약물을 투여하는 방법

IV 정맥주사 놓는 법
[출처] https://www.youtube.com/watch?v=oCfLrt5VMAk

[POINT 4] 평가하기

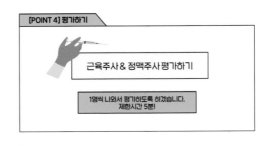

근육주사 & 정맥주사 평가하기

1명씩 나와서 평가하도록 하겠습니다.
제한시간 5분!

활동 결과물

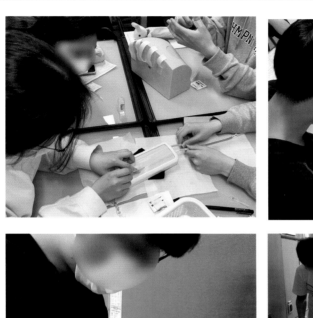

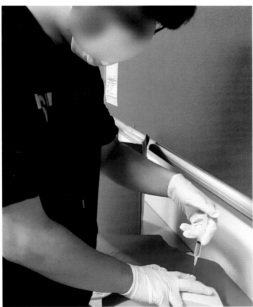

■ 참고 자료 출처

- 굿널스(2019), IV 정맥주사 놓는 법 intravenous injection 간호핵심술기, https://www.youtube.com/watch?v=oc7c7rbVrA9
- 양선희 외 6인(2020), 핵심 기본간호수기 제3판, 현문사, 507~508, 515~516
- 양선희 외 8인(2021), 제4판 기본간호학 II , 현문사, 263~346
- 옆집간호사 구슬언니(2020), 근육주사 IM 놓는 법, 주사부위 쉽게 찾는 방법, https://www.youtube.com/watch?v=9zRyC3OSris
- 우치갑 외 8인(2018), 수업이 즐거운 교육과정-수업-평가-기록의 일체화, 테크빌교육, 216~217
- 한국간호교육평가원(2017), 간호교육인증평가 핵심기본간호술 평가항목 프로토콜 제 4.1판, 4~7
- 홍시명(2012), 기본간호학 실습 check List, 의학서원, 103~115

03 감염관리 (멸균장갑과 가운 착용)

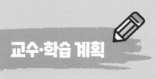

교수·학습 계획

수업방법	토의·토론 학습, 실습	운영 형태	on/off
대단원	Ⅲ. 감염관리 업무 보조	예상 차시	2~3차시
중단원	2. 감염관리의 이해 3. 멸균과 소독의 적용 원칙 4. 감염 예방 지침		
준비물	활동지, 멸균장갑, 멸균가운, 손소독제		
성취기준	3)-나) 감염관리의 이해 3)-다) 멸균과 소독 3)-라) 내·외과적 무균술		
학습목표	· 감염관리의 중요성을 알고 내·외과적 무균법을 이해할 수 있다. · 멸균의 원리 및 방법을 적용하여 무균술을 수행할 수 있다.		

수업 흐름도

STEP 1	감염관리의 개념과 중요성 이해하기
STEP 2	병원감염 사례 기사 탐색 활동
STEP 3	내·외과적 무균술 실습하기
STEP 4	모둠별 실습 평가 및 정리하기

감염관리 단원에서는 감염관리의 중요성을 이해하고, 멸균의 원리 및 방법을 적용하여 내·외과적 무균술을 수행한다. 주요 개념을 이해하고 감염관리의 중요성을 알기 위해 병원감염 사례 기사를 탐색하는 활동을 진행한다. 짝과 함께 병원에서 발생한 집단 감염 사례 기사를 탐색하게 하고, 선정한 기사 내용을 토대로 병원감염이 발생한 원인을 찾고 예방할 수 있는 방안을 생각해보는 시간을 갖게 한다. 이론적 지식을 접하는 것뿐만 아니라, 실제 사례 탐색을 통해 짝과 함께 이야기를 나누는 활동을 진행한다면 감염관리의 중요성을 더욱 잘 인식할 수 있다.

본 차시 실습 활동은 내·외과적 손 씻기, 멸균장갑을 개방적으로 착용하기, 멸균장갑과 가운을 폐쇄적으로 착용하기, 장갑과 가운 벗기를 순서대로 진행한다. 2인 1모둠으로 짝을 구성한 후 번갈아가며 실습 활동을 하고, 짝이 실습하는 동안 체크리스트를 작성하도록 안내한다. 수업 전에 실습 물품을 미리 준비하는 과정이 필요하며, 온라인으로 수업을 진행하는 경우에는 전 차시에 실습 물품을 가져가도록 한다. 온라인 공동교육과정으로 진행하는 경우에는 실습 물품을 각 학교로 발송하는 방법도 활용할 수 있다.

단계	교수·학습활동	활동 자료 또는 유의점
도입	1. 동기 유발 - 병원감염 사례 뉴스 영상 시청 - 감염관리 및 무균술의 중요성 인식 2. 학습 목표 제시 및 학습 과정 안내	· PPT 활용 · 뉴스 영상 자료
전개	1. [강의] 감염관리의 이해 - 감염의 개념과 전파경로 - 세척, 소독, 멸균의 개념과 적용 범위 - 내·외과적 무균술의 개념과 유형 - 감염관리의 중요성	· PPT 활용
	2. [짝 활동] 병원감염 사례 탐색 - 짝 구성(2인 1모둠) 및 활동 내용 안내 [활동 내용] 1) 병원감염과 관련된 뉴스 기사를 탐색한다. 2) 선정한 기사 내용을 토대로 병원감염이 발생한 원인을 찾고, 예방할 수 있는 방안을 활동지에 작성한다. 3) 활동지에 작성한 내용을 발표하여 친구들과 나눈다.	· 활동지 · 인터넷 검색을 위한 노트북, 태블릿 등을 준비
	3. [실습 활동] 내·외과적 무균술 - 짝 구성(2인 1모둠) 및 실습 활동 안내 - 짝과 번갈아가며 실습 활동을 하고, 짝이 실습하는 동안 체크리스트를 작성하도록 안내 [실습 내용] 1) 내·외과적 손 씻기 2) 멸균장갑 착용하기(개방적 착용) 3) 멸균장갑과 가운 착용하기(폐쇄적 착용) 4) 장갑과 가운 벗기 - 실습 물품 정리 및 폐기물 처리	· 실습 물품 준비 · 물로 손 씻기가 가능한 실습 장소가 아니라면, 손 소독제를 활용하여 손 위생을 실시하도록 지도
	4. [평가] 평가하기 - 평가 방법: 자기 평가 및 모둠 내 동료 평가	· 모둠 내 동료 평가는 실습 체크리스트 활용
정리	1. 실습 활동에 대한 소감 나누기 2. 다음 차시 안내	

평가 계획

1 평가 개요

성취 기준	3)-나) 감염관리의 이해 3)-다) 멸균과 소독 3)-라) 내·외과적 무균술				
평가 유형	☐ 의사소통형	☑ 학습확인형	☐ 포트폴리오형	☑ 실험실습형	☐ 기타:
평가 방법	☑ 자기 평가	☑ 동료 평가	☐ 교사 평가		
평가 대상	☑ 개인	☑ 소그룹	☐ 학급 전체		
평가 시기	☐ 도입	☑ 수업 중	☑ 수업 마무리		

2 평가 세부 척도

▪ 자기평가

평가요소	평가기준	평가척도		
		상	중	하
실습 참여도	실습 활동에 관심을 갖고, 실습에 적극적으로 참여함			
내용 숙지	실습 활동의 방법과 순서를 이해하고, 절차에 맞게 수행함			
역할 및 소통	짝 활동 시 주어진 역할을 충실히 수행하였고, 서로 협력하며 활발하게 의견을 제시함			
실습 활동을 하며 새롭게 알게 된 내용이나 느낀 점을 적어보세요.				

■ 모둠 내 동료 평가 (실습 체크리스트 활용)

평가요소	평가영역	평가 척도	평가기준
실습 수행도	내·외과적 손 씻기	상	실습 절차(22개)를 18개 이상 수행함
		중	실습 절차(22개)를 12개 이상 18개 미만으로 수행함
		하	실습 절차(22개)를 12개 미만으로 수행함
	멸균장갑 착용 (개방적)	상	실습 절차(13개)를 10개 이상 수행함
		중	실습 절차(13개)를 6개 이상 10개 미만으로 수행함
		하	실습 절차(13개)를 6개 미만으로 수행함
	멸균장갑과 멸균가운 착용 (패쇄적)	상	실습 절차(20개)를 15개 이상 수행함
		중	실습 절차(20개)를 10개 이상 15개 미만으로 수행함
		하	실습 절차(20개)를 10개 미만으로 수행함

3 세부능력 및 특기사항 기록 예시

■ 성취기준에 따른 성취수준   ■ 수행 과정 및 결과   ■ 교사 총평

감염의 개념과 전파 방법을 학습하고 감염의 고리를 명확히 이해함. 병원감염 탐색 활동에서 '신생아실 RVS 집단감염' 사례 기사를 찾아 감염의 원인과 전파 경로를 정리함. 짝과 토의를 통해 병원감염을 예방하기 위해서는 의료진의 철저한 손 위생과 무균법 준수가 중요하다고 발표함. 내·외과적 무균술 실습 활동에서 절차에 맞게 올바르게 멸균장갑을 착용하였으며, 짝이 실습하는 과정을 지켜보고 꼼꼼하게 절차를 알려주며 협력적으로 활동함. 실습 활동에 진지하게 참여하였으며, 실습 활동 후에 뒷정리를 자처하는 등 세심함과 배려심이 돋보이는 학생임. 의료 현장에서 의료인들의 작은 행동에도 이론적 근거가 있는 것이라는 것을 알게 되었고, 훗날 의료인이 되어서도 전문성 강화를 위해 지속적인 노력을 하겠다는 의지를 담은 소감문을 제출함.

교육 활동 자료

영상 자료 | 병원감염 사례 뉴스

SBS 뉴스(2023), '2주 2천5백만 원' 최고급 산후조리원서 신생아 5명 RSV 집단감염
https://youtu.be/feYnU7jDNow

멸균장갑 및 가운 착용

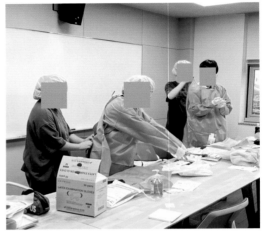

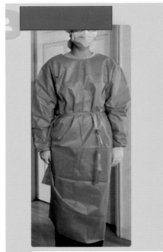

선생님 뭔가 어색하긴 하지만
수술복 착용해봤어요ㅎㅎㅎ
입어보니까 정말 덥고 답답했습니다 이걸 입고
수술을 하는 의료진분들이 존경스러워 졌습니다!! 동생도같
이 입어 봤어요 ㅎㅎ
보내주셔서 감사해요^^

ㅎㅎ

선생님...학교에서 입었어요............!!!

■ 참고 자료 출처
- 우치갑 외 8인(2018), 수업이 즐거운 교육과정-수업-평가-기록의 일체화, 테크빌교육, 216~217
- 한국간호교육평가원(2017), 간호교육인증평가 핵심기본간호술 평가항목 프로토콜 제 4.1판, 44~46
- 우옥영 외 5인(2018), 중학교 보건 교과서, ㈜YBM, 34

MEMO

04
상황별
응급처치

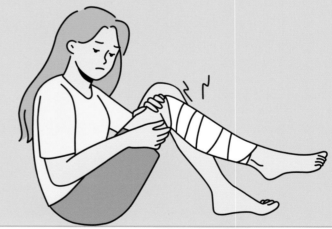

교수·학습 계획

수업방법	강의식, 실기·실습	운영 형태	on/off
대단원	Ⅲ. 특수 분야 간호 돕기	예상 차시	2~3차시
중단원	2. 응급 간호 보조		
준비물	PPT, 활동지, 색지, 색연필, 사인펜, 붕대, 붕대 고정용 테이프		
성취기준	11)-라) 상황별 응급처치		
학습목표	상황별 응급처치법에 대한 지식과 기술을 적용하여 각 대상자의 상황에 적합하게 응급처치법을 수행할 수 있다.		

수업 흐름도

STEP 1	상황별 응급처치 이해하기
STEP 2	PRICE 픽토그램 제작하기
STEP 3	붕대 실습하기
STEP 4	정리 및 평가

　도입에서는 간단한 응급처치 골든벨 문제를 제시하여 학생들의 흥미를 유발한다. 이때, 자신이 겪었던 응급상황 및 응급처치 경험에 관해 이야기 나누는 것도 좋은 방법이 될 수 있다. 생활 속에 적용할 수 있는 응급처치 방법 중 근골격계 손상 시 적용하는 PRICE 기법에 대한 강의를 통해 내용을 숙지한 후, 핵심 요소만을 뽑아 문자와 언어를 모르더라도 모든 사람이 알아볼 수 있는 픽토그램을 제작하도록 한다. 다양한 의견과 그림이 제시될 수 있도록 모둠 활동보다는 개인 활동으로 구성하며, 픽토그램을 제작한 후 전시 및 발표하여 베스트 픽토그램을 선정한다. 이후 활동으로 붕대의 목적과 방법, 주의 사항을 숙지한 후 짝끼리 환행대, 나선대, 나선절전대, 8자 감기 방법에 맞춰 붕대를 직접 감아보며 실습함으로써 기억에 남을 수 있는 활동을 구성하였다. 이때, 직접 방법에 맞춰 따라할 수 있도록 정확한 방법 설명이 중요하다.

수업 지도안

단계	교수·학습활동	활동 자료 또는 유의점
도입	**1. 동기 유발** – 간단한 응급처치 골든벨 문제로 학생 흥미 유발 **2. 학습 목표 제시 및 학습 과정 안내**	· PPT, 띵커벨 활용
전개	**1. [강의] 상황별 응급처치** – 응급처치의 목적 – 응급 상태 분류 – 근골격계 손상 시 응급처치	· PPT 활용
	2. [개별 활동] PRICE 픽토그램 제작 – 픽토그램 제작 활동 안내 [활동 안내] 1) 픽토그램의 뜻 : 픽토그램은 그림(Picto)과 전보를 뜻하는 텔레그램(Telegram)의 합성어로 사물, 시설, 행위 등을 누가 보더라도 그 의미를 쉽게 알 수 있도록 만들어진 그림문자이다. 이처럼 핵심 요소만을 뽑아 간단하게 그린 픽토그램을 사용하면 문자와 언어를 모르더라도 모든 사람이 알아볼 수 있다. 2) 픽토그램 제작 방법 : 지금까지 알아본 응급처치 핵심 요소만 뽑아 간단하게 픽토그램을 만들어본다. – 개인 결과물 전시 및 발표	[활동 자료] · PPT, 활동지 활용 · 색연필, 사인펜 [유의점] · 픽토그램 예시 파일을 보여주어 학생들의 이해를 돕는다.
	3. [짝 활동] 붕대 감기 실습 – 붕대의 목적 및 방법 설명 [활동 안내] 1) 2인 1조로 짝을 구성한다. 2 붕대 감는 방법을 시범 보인 후, 학생들에게 붕대 및 붕대 고정용 테이프를 나눠준다. 2) 짝끼리 환행대, 나선대, 나선절전대, 8자 감기 붕대법을 순서대로 실습한다.	[활동 자료] · PPT, 활동지 활용 · 붕대, 붕대 고정용 테이프 [유의점] · 붕대 감는 방법을 정확히 숙지하고 실습할 수 있도록 한다.
	4. [평가] 평가하기 – 평가 방법: 자기 성찰 평가, 동료 평가	· 평가항목 사전 안내
정리	**1. 상황별 응급처치 정리** **2. 다음 차시 안내**	

평가 계획

1 평가 개요

성취 기준	11)-라) 상황별 응급처치		
평가 유형	☐ 의사소통형 ☑ 학습확인형 ☐ 포트폴리오형	☑ 실험실습형	☐ 기타:
평가 방법	☑ 자기 평가	☑ 동료 평가	☐ 교사 평가
평가 대상	☑ 개인	☑ 소그룹	☐ 학급 전체
평가 시기	☐ 도입	☐ 수업 중	☑ 수업 마무리

2 평가 세부 척도

- 자기 성찰 평가(픽토그램 만들기)

평가 영역	평가항목	평가				
내용의 충실성	수업과 관련된 적합한 주제로 구성하고, 전달하고자 하는 내용을 정확하게 표현함	1	2	3	4	5
구성력	주제와 관련하여 시각적으로 표현하고 결과물의 완성도가 높음	1	2	3	4	5
발표	픽토그램이 담고 있는 의미를 정확하게 전달하여 효과적으로 발표함	1	2	3	4	5

- 동료 평가(붕대감기 실습)

평가 영역	평가항목	평가				
내용의 충실성	붕대 감는 방법을 숙지하고 정확한 방법으로 붕대를 감아 실습함	1	2	3	4	5
역할 및 소통	자신의 역할을 충실히 수행하고 조원 간 서로 협력하며 실습함	1	2	3	4	5
참여도	붕대 감기 실습 활동 시 적극적인 모습으로 참여함	1	2	3	4	5

성취기준에 따른 성취수준 수행 과정 및 결과 교사 총평

근골격계 PRICE 처치법의 핵심 내용을 정확하게 픽토그램으로 표현하였으며, 시각적으로도 우수한 결과물을 제작함. 또한 119 대원들이 응급처치 시행자에게 심폐소생술을 짧은 영상으로 전송해 주는 프로그램을 찾아 제시하며, 시각적으로 응급처치 방법을 전달할 수 있는 다양한 방식이 있다고 발표함. 이처럼 응급처치에 도움이 될 수 있는 다양한 방법을 조사하여 제시하는 적극적인 모습이 인상 깊음. 수업을 통하여 염좌나 골절에 적용할 수 있는 응급처치법을 배우고, 붕대 감기 실습을 통하며 응급 구조원으로서의 역량을 키움. 응급상황 시 올바른 대처 방법의 중요성을 이해하였으며, 붕대 감기 실습을 통해 정확한 응급처치법에 대해 익히게 되었다고 소감을 발표함. 평소 응급상황 대처법에 관심이 많고, 조별 활동 시 서툰 조원을 도와주며 같이 진행해 나가는 배려 깊은 학생으로 다른 학생들의 피드백을 받아들이며 꾸준히 성장하는 모습을 보임.

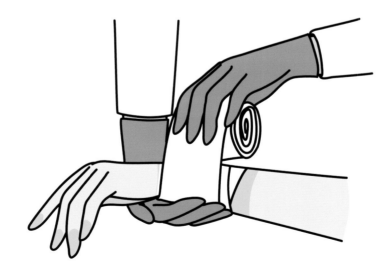

교육 활동 자료

영상 자료 | 붕대법-환행대/나선대/나선절전대/8자대/회귀붕대

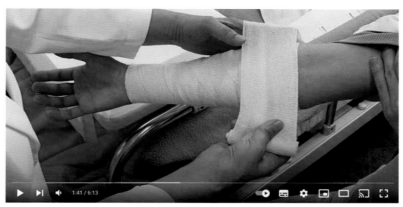

붕대법(Bandage)-환행대/나선대/나선절전대/8자대/회귀붕대

신화진교수(2022), 붕대법-환행대/나선대/나선절전대/8자대/회귀붕대
https://www.youtube.com/watch?v=kJ3WEs8iO7Y

고교학점제 in 보건간호과

생활에 도움을 주는

상황별 응급처치

과목 │ 기초 간호 임상 실무

응급 상황 분류 체계

응급 상황 시, 환자를 효과적이고 체계적으로 관리하기 위해
손상 정도 또는 중증도를 파악하여 환자를 분류하고
응급 처치와 환자 이송의 우선순위를 결정해야 함

긴급	즉각적 처치, 긴급한 대상자, 생명의 위험을 받는 대상자 (심정지, 기도 폐쇄, 쇼크, 심한 출혈)	비응급	치료 여부와 상관없이 생존이 예상되는 대상자 (폐쇄성 골절, 염좌, 좌상, 보행 가능한 상처)
응급	치료가 2시간 이내 지연되어도 생존에 영향을 주지 않는 대상자 (개방성 골절, 흉부 상처)	사망	생존시키기 불가능하다 판단되는 환자, 사망자 (대량 두부 외상, 광범위 신층 화상 대상자)

RICE 기법

Rest (안정)   Ice (냉찜질)   Compression (압박)   Elevation (거상)

*다친 부위를 움직이지 않도록 편한 자세로 쉬게 한다.
*부상 악화와 새로운 부상을 줄여 준다.

*얼음이나 찬 것으로 써 냉찜질을 해준다.
*상처 부위가 부었을 경우 열을 내려 준다.

*다친 부위를 붕대 및 붕대 등으로 압박 고정한다.

*다친 부위를 심장보다 높게 올려 부기를 줄여준다.
*부기를 줄이고 환자의 통증을 감소시킨다.

PRICE 픽토그램 제작하기

픽토그램이란?

그림
PICTO   **+**   전달
TELEGRAM   **=**   전달하는 그림

픽토그램은 그림(picto)과 전보(전달)를 뜻하는 텔레그램(telegram)의 합성어로
사물, 시설, 행위 등을 누가 보더라도 그 의미를 쉽게 알 수 있도록 만들어진 그림문자이다.
이처럼 핵심적인 요소만을 뽑아 간단하게 그린 픽토 그림을 사용하면
문자와 언어를 모른다라도 모든 사람이 알아볼 수 있다.

PRICE 픽토그램 제작하기

픽토그램 예시

First aid
(응급처치)

Protection
(보호)

붕대 감기 실습 전

1 붕대의 목적
   ◦ 상처가 난 부분을 드레싱하여 고정시킴
   ◦ 상처를 보호하며 지혈을 시켜줌
   ◦ 체온이 떨어지지 않도록 보온을 해줌

2 붕대 감는 방법
   1) 말단부터 체간을 향해 감는다.
   2) 말단 부위(손가락, 발가락)는 노출시킨다. → 혈액순환장애 관찰
   3) 상처 부위는 느슨하게 감아준다.
   4) 상처 바로 위, 무게를 받는 부위는 붕대 매듭을 만들지 않는다.

붕대 감기 실습   ① 환행대

1. 주로 붕대법의 시작과 끝맺음에 사용하고, 이마·목·발목에 적용된다.
2. 오른손에 붕대를 감고, 약 8cm 정도 붕대를 푼다.
3. 붕대로 감을 신체 부분에 그 붕대의 끝을 놓는다.
4. 필요한 만큼 신체 부분을 돌려 감는데, 각 회전은 바로 이전의 회전 부위를 덮는다.
5. 손상이 없는 부위에 반창고나 안전핀 등으로 붕대의 끝을 고정시킨다.

붕대 감기 실습   ② 나선대

1. 상박과 같이 굵기가 고른 신체부위를 감는 데 사용한다.
2. 두 번의 환행대로 붕대를 고정시키고, 약 30° 각도로 위쪽으로 올려 감는다.
3. 각 회전은 붕대 넓이의 2/3를 겹친다.
4. 두 번의 환행대로 끝마무리 후 클립이나 안전핀으로 고정한다.

붕대 감기 실습   ③ 절전대

1. 굵기가 고르지 못한 전박이나 종아리에 사용한다.
2. 두 번 환행대로 고정시키고, 약 30° 각도로, 위쪽으로 올려 감는다.
3. 붕대의 위쪽 가장자리에 한 손의 엄지손가락을 놓는다.
4. 약 15cm 가량 붕대를 풀면서 돌린다.
5. 붕대 넓이의 2/3 정도를 겹쳐가면서 붕대 감기를 계속한다.
6. 두 번의 환행대로 끝을 마무리한다.

붕대 감기 실습   ④ 8자 감기

1. 관절 부위에 사용한다.
2. 두 번의 환행대로 붕대를 고정시킨다.
3. 8자를 만들면서 붕대 너비의 2/3를 겹쳐서 관절 위, 관절 주변, 관절 밑에 붕대감기를 진행시킨다.
4. 두 번의 환행대로 끝을 마무리한다.

활동 결과물

PRICE 픽토그램 활동 결과물과 활동 사진

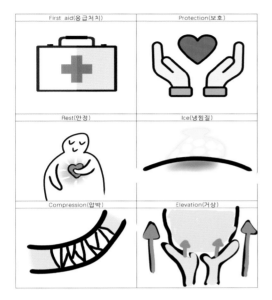

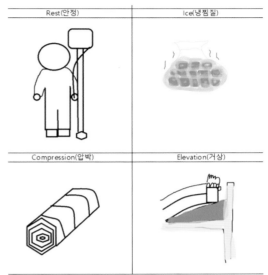

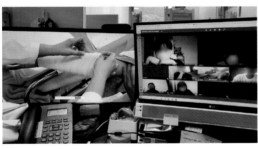

■ 참고 자료 출처
- 우치갑 외 8인(2018), 수업이 즐거운 교육과정-수업-평가-기록의 일체화, 테크빌교육, 216~217
- 김정운(2014), 기초간호 임상실무, 포널스
- 신화진교수(2022), 붕대법-환행대/나선대/나선절전대/8자대/회귀붕대, https://www.youtube.com/watch?v=kJ3WEs8iO7Y

05
심폐소생술(CPR) 움짤 만들기

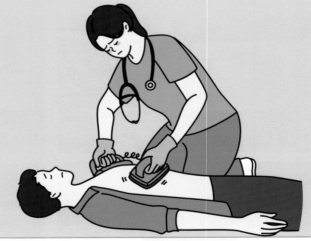

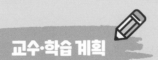

교수·학습 계획

수업방법	강의식, 학생 참여형 프로젝트	운영 형태	off
대단원	Ⅲ. 특수 분야 간호 돕기	예상 차시	3~4차시
중단원	2. 응급 간호 보조		
준비물	심폐소생술 애니, 교육용 AED, 발포매트, 핸드폰, PPT, 활동지		
성취기준	11)-나) 기본 심폐소생술 및 자동심장충격기 사용법		
학습목표	· 심폐소생술 및 자동심장충격기(AED) 사용법과 원리를 설명할 수 있다. · 심폐소생술과 자동심장충격기를 올바른 순서와 방법으로 적용할 수 있다.		

수업 흐름도

STEP 1	심폐소생술과 자동심장충격기(AED)의 사용법 이론
STEP 2	심폐소생술 및 자동심장충격기(AED) 실습
STEP 3	심폐소생술 움짤 제작하기
STEP 4	발표 및 활동 마무리

심폐소생술은 일반인들도 일상생활에서 꼭 알아두어야 할 필요성이 있는 중요한 핵심간호술기 중 하나이다. 본 차시에서는 심폐소생술과 자동심장충격기(AED)의 올바른 사용법을 익혀 실제 심정지 상황이 발생했을 때 당황하지 않고 침착하게 대응할 수 있도록 실습하는 데 주안점을 둔다. 심폐소생술 실습 시 교사는 학생들의 가슴압박 깊이와 속도, 위치, 자세를 중점적으로 지도해야 한다. 특히 가슴압박의 속도가 너무 빠르거나 느리지 않도록 일정한 박자에 맞춰 압박하도록 한다. 또한, 손꿈치 외 다른 부분이 닿으면 늑골 골절이 될 수 있음을 주의시키며 되도록 손꿈치로만 누르도록 지도한다. 교육용 자동심장충격기(AED)는 제시된 사용 순서를 지켜야 하고, 감전 위험이 있어 반드시 충격 전에 떨어져야 함을 강조하여 설명한다. 교사는 학생들이 심폐소생술 실습 마네킹인 애니 인형을 상대로 장난치지 않고 실제 상황처럼 진지하게 실습에 참여할 수 있도록 교육한다.

'심폐소생술 움짤 제작하기' 활동은 요즘 SNS에서 유행하는 숏컷(Short cut) 영상들처럼 심폐소생술 과정을 간단하게 짧은 움짤로 제작하여 많은 사람들이 심폐소생술을 정확히 알 수 있도록 홍보하는 활동이다. 모둠별로 움짤을 제작하고 난 뒤, 간단한 움짤 상영회를 통해 결과물에 대한 발표를 하며 활동을 마무리한다.

수업 지도안

단계	교수·학습활동	활동 자료 또는 유의점
도입	1. 동기 유발 　- 전시학습 내용 복습 2. 학습 목표 제시 및 학습 과정 안내	
전개	1. [강의] 심폐소생술의 적용 　- 심폐소생술의 적용 방법(가슴압박 및 인공호흡) 　- AED 적용 순서 및 원리	· PPT 활용
	2. [모둠 활동] 심폐소생술 및 자동심장충격기(AED) 실습 　- 심폐소생술 및 자동심장충격기(AED) 실습 활동 안내 　[활동 안내] 　1) 실습 모둠(4인 1모둠) 구성하기 　2) 심폐소생술 실습하기 　　- 가슴압박 5주기(150회) 실행 　　- 인공호흡 30:2 비율로 실습 　3) 자동심장충격기(AED) 실습하기	[활동 자료] · 심폐소생술 애니, 교육용 자동심장충격기(AED), 발포매트 [유의점] · 학생들이 심폐소생술 실습 마네킹인 애니 인형을 상대로 장난치지 않고 진지하게 실습에 참여하도록 지도한다.
	3. [평가] 심폐소생술 및 자동심장충격기(AED) 실습 평가 　- 평가 방법: 교사 평가	· 평가지 활용
	4. [모둠 활동] 심폐소생술 움짤 제작 　- 심폐소생술 움짤 제작 활동 안내 　[활동 안내] 　1) 모둠 구성(4인 1모둠) 및 역할 분담하기 　2) 맡은 역할에 따라 움짤 제작하기 　　- 움짤 맨 앞에 주제, 학번, 이름을 넣도록 편집하기 　　- 움짤 완성본은 10~30초 이내로 제작하기 　3) 활동 후 자기 평가하기	· 핸드폰, 활동지 활용
정리	1. 수업 내용 정리 2. 다음 차시 안내	

평가 계획

1 평가 개요

성취 기준	11)-나) 기본 심폐소생술 및 자동심장충격기 사용법			
평가 유형	☑의사소통형	☐학습확인형	☐포트폴리오형	☑실험실습형 ☐기타:
평가 방법	☑자기 평가	☐동료 평가		☑교사 평가
평가 대상	☑개인	☑소그룹		☐학급 전체
평가 시기	☐도입	☑수업 중		☐수업 마무리

2 평가 세부 척도

- 자기 평가 (심폐소생술 움짤)

평가요소	평가기준	평가척도		
		상	중	하
주제의 적절성	제시된 주제에 맞게 내용을 구성하고 제작하였는가			
내용의 충실성	심폐소생술과 자동심장충격기의 사용 원리를 이해하고 적용하였는가			
책임감	자신이 맡은 바를 충실하게 수행하였는가			
참여도	모둠 활동에 적극적으로 소통하면서 참여하였는가			

- 교사 평가 (심폐소생술 실습)

순서	항목	수행 내용	배점		
			상	중	하
1	반응확인	"여보세요, 괜찮으세요?"라고 말하면서 양쪽 어깨를 가볍게 두드리며 환자의 반응을 확인함	10	8	6
2	도움요청	반응이 없으면 한 사람을 지목하여 119 신고와 자동심장충격기를 요청함	10	8	6
3	호흡확인	호흡의 유무 및 비정상 유무를 10초 이내로 확인함	10	8	6

순서	항목	수행 내용		배점		
				상	중	하
4	가슴압박	손꿈치를 흉골의 아래쪽 절반에 놓고 가슴압박 실시	가슴압박 자세가 옳은가	10	8	6
			가슴압박 위치가 정확한가	5	4	2
			압박 깊이가 약 5cm가 되는가	5	4	2
			가슴압박 속도를 분당 100~120회로 유지하는가	5	4	2
			가슴을 압박했다가 충분히 이완시키는가	5	4	2
5	협조요청	자동심장충격기(AED)가 도착하면 가슴압박을 유지하면서 두 번째 구조자에게 심장충격기 적용을 부탁함		10	8	6
6	자동심장 충격기 (AED) 적용	본체의 전원을 켜고, 두 개의 패드를 정확한 위치에 부착시킨 후 커넥터를 본체에 연결함		10	8	6
		심장 리듬 분석을 위해 손을 떼도록 지시함 (말과 동작을 모두 사용하여 지시)		5	4	2
		분석 종료 직후 충전 시간 동안 가슴압박 시행함		5	4	2
		제세동 시행 직전 손을 떼도록 지시하고, 제세동 버튼을 적용함 (말과 동작을 모두 사용하여 지시)		5	4	2
		제세동 종료 후 즉시 가슴압박 시행함		5	4	2
합계				100		

3 세부능력 및 특기사항 기록 예시

성취기준에 따른 성취수준 ▮ 수행 과정 및 결과 ▮ 교사 총평

　기본 심폐소생술 및 자동심장충격기 사용법에 대한 지식과 기술을 적용하여 대상자의 상태에 적합하게 심폐소생술을 수행하며, 올바른 순서와 방법에 따라 자동심장충격기를 적용할 수 있음. 심폐소생술 실습 시 119 신고부터 AED 적용까지 매끄럽게 진행하며, 실제 의료인 수준으로 완벽하게 가슴압박을 적용하고, 침착한 모습으로 인공호흡을 실시함. 심폐소생술 실습마다 소외되는 사람이 없도록 배려하며 친절하게 하나씩 알려주는 모습이 자주 관찰됨. 심폐소생술 움짤 만들기 활동을 통해 직접 의식 확인과 구조요청, 흉부압박과 AED 사용법, 화복자세의 단계를 학습하고 시연함. 짧은 움짤을 활용하여 대중에게 시각적 홍보 효과를 극대화시키기 위한 방안에 대해 심도 있게 토의하며 수준 높은 결과물을 제출함. 의학계열 중 특히 응급처치에 대한 관심도가 높고 적극적으로 실습에 참여하는 열의를 보여줌. 이를 토대로 보아 일상생활에서 발생 가능한 다양한 응급상황을 조기에 발견하고, 이를 예방하고 대처할 수 있는 능력이 뛰어나다고 판단됨.

교육 활동 자료

읽기 자료 ┃ 심폐소생술(CPR)의 중요성

잠깐! 생각열기

심폐소생술이 필요한 응급상황이 발생하면 어떻게 해야 할까?

한 편의점의 아르바이트생이 매장 내에 쓰러진 고객을 심폐소생술로 살렸다. 50대 여성 고객이 쇼핑하던 중 계산대 근처에서 갑자기 쓰러졌다. 다행히도 매장에서 근무하던 21세 아르바이트생 A씨가 현장을 목격하고 다른 고객들과 함께 119에 신고한 뒤 고객을 평편한 곳에 눕히고 즉시 심폐소생술을 실시했다.

간호학과 학생으로 알려진 A씨는 심정지 대상자에게 가장 중요한 '골든타임'을 고려해 신속하게 심폐소생술을 실시한 것으로 전해졌다. 구급대원이 오기 전까지 정확한 심폐소생술을 한 A씨의 활약상은 쓰러졌던 고객이 감사 인사를 전하면서 본사에 알려졌고, 편의점 본사는 A씨에게 감사장과 함께 100만원의 포상금을 전달했다.

A씨는 "간호학 전공자로서 고객이 눈앞에서 쓰러지는 것을 보고 큰일임을 직감해 바로 심폐소생술을 실시했다"며 "무사히 퇴원하셨다는 소식에 보람을 느낀다"고 말했다.

– 심폐소생술을 적용해야 하는 상황을 생각해보자.

– 골든타임은 어떤 의미인지 생각해보자.

*출처: 질병관리청·대한심폐소생협회(2020), 한국심폐소생술 가이드라인 요약본

[단독] "눈을 뜨세요!"…멈췄던 심장 뛰게 한 '시민 영웅들' / YTN

YTN(2017), "눈을 뜨세요!"… 멈췄던 심장 뛰게 한 '시민 영웅들'
https://youtu.be/XVUgO6hLWiE

PPT 자료

고교학점제 in 보건간호과
생활 속의 응급처치
- 심폐소생술과 자동제세동기 -

목표

심폐소생술을
바르게 익혀 실천해 봅시다.

심폐소생술이란?

멈춘 심장을
구조자가 대신해
가슴을 압박하여
신체 주요 기관에
혈액을 공급하는 응급처치

심폐소생술의 중요성

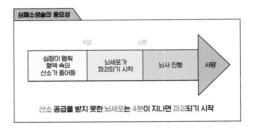

산소 공급을 받지 못한 뇌세포는 4분이 지나면 파괴되기 시작

심정지환자 골든타임 4-5분

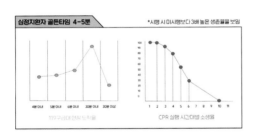

*시행 시 미시행보다 3배 높은 생존율을 보임

119구급대 현장 도착시율

CPR 실행 시간대별 소생율

깨우GO : 의식 및 반응 확인

여보세요, 괜찮으세요?
제 말 들리세요?

CHECK VITAL SIGNS

- 현장 안전 확인 후
- 어깨를 두드리면서
"괜찮으세요?" "여보세요?"
큰 소리로 물으며
(반응) 과 (호흡) 확인

알리GO : 신고 요청

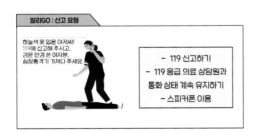

하늘색 옷 입은 아저씨!
119에 신고해 주시고,
검은 안경 쓴 여자분,
심장충격기 가져다 주세요

- 119 신고하기
- 119 응급 의료 상담원과
통화 상태 계속 유지하기
- 스피커폰 이용

누르GO : 가슴 압박 깊이, 속도

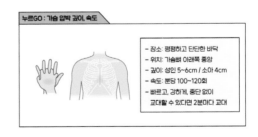

- 장소: 평평하고 단단한 바닥
- 위치: 가슴뼈 아래쪽 중앙
- 깊이: 성인 5~6cm / 소아 4cm
- 속도: 분당 100~120회
- 빠르고, 강하게, 중단 없이
교대할 수 있다면 2분마다 교대

누르GO : 가슴 압박 깊이, 속도

딱딱한 바닥에 눕히고, 환자 옆에 무릎을 꿇은 자세 취하기
팔꿈치 펴고, 팔이 바닥에 수직을 이룬 상태에서 체중을 실어 압박

자동심장충격기 사용법

1. 전원켜기   2. 패드 부착   3. 심장리듬분석
4. 심장충격(제세동)   5. 심폐소생술 재시행   6. 반복

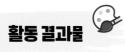
심폐소생술(CPR) 실습 및 움짤 결과물 사진

■ 참고 자료 출처
- 교육부(2015), 별책26 보건복지 전문교과 교육과정(2018-150호)」, 86~98
- 박지혜 외 3인(2022), 고등학교 기초간호 임상실무, 포널스, 313~316
- 질병관리청·대한심폐소생협회(2020), 한국심폐소생술 가이드라인 요약본
- 한국간호교육평가원(2017), 간호교육인증평가 핵심기본간호술 평가항목 프로토콜 제 4.1판, 57~58
- YTN(2017), "눈을 뜨세요!"... 멈췄던 심장 뛰게 한 '시민 영웅들', https://youtu.be/XVUgO6hLWiE

CHAPTER 4

인체구조와 기능

이 나만의 세포 만들기

교수·학습 계획

수업방법	비주얼 씽킹	운영 형태	on/off
대단원	Ⅰ. 인체의 구성	예상 차시	1~2차시
중단원	1. 세포		
준비물	활동지, 색연필 또는 사인펜, PPT, 개인 스마트폰, 마이크와 웹캠 사용이 가능한 PC		
성취기준	2)-가) 세포		
학습목표	· 인체의 구성 요소인 세포에 대해 이해하고 설명할 수 있다. · 세포 기능을 바탕으로 자신을 구성하는 세포를 만들고 설명할 수 있다.		

수업 흐름도

STEP 1	세포의 구조, 종류 및 기능 학습하기
STEP 2	증강현실로 세포의 구조 탐구하기
STEP 3	나를 구성하는 세포 만들기
STEP 4	정리 및 발표

'세포' 단원은 인체구조와 기능 과목의 첫 대단원인 '인체의 구성' 단원의 도입 차시이다. 세포의 기본적인 구조와 종류, 기능을 강의한 뒤에 증강현실을 통해 세포의 구조를 탐구할 수 있도록 한다. 증강현실은 퀴버(Quiver) 앱을 활용할 수 있다. 이를 통해 학생들은 세포의 구조를 생생한 화면으로 체험하며, 학습 내용에 흥미를 가질 수 있다. 이후 학생 참여 활동으로 자신을 구성하고 있는 세포를 만들어보는 활동을 구성하였다.

먼저 학생들은 자신의 특성이 잘 드러날 수 있는 세포를 만든다. 그리고 앞에서 학습한 세포의 기본 구조와 기능을 바탕으로 자신이 만든 각각의 세포들이 어떻게 생겼으며, 어떤 기능을 하는지, 그 세포들이 모이면 어떤 조직이 되는지 생각하여 작성한다. 이와 같은 활동을 통해 세포에 대한 기본적인 학습뿐만 아니라 학생들이 자신에 대한 이해와 탐구의 시간을 가질 수 있도록 하는 데 의의를 두었다.

본 수업은 적절한 원격수업 도구를 사용한다면 오프라인 수업뿐만 아니라 온라인(비대면) 수업에서도 충분히 활용 가능할 것이다.

단계	교수·학습활동	활동 자료 또는 유의점

도입	1. 동기 유발
	   Q. 나는 무엇일까요?
	     - 우리 인체에 10조 개 정도 있습니다.
	     - 지름이 0.001mm 정도에 불과합니다.
	     - 모든 생명체의 기본 단위입니다.
	2. 학습 목표 제시 및 학습 과정 안내
		· 읽기 자료 참고

전개	1. [강의] 세포의 구조와 기능
	   - 세포막의 구조와 기능
	   - 세포질의 구조와 종류
	   - 핵의 구조와 기능
	   - 상피세포, 결합세포, 근육세포, 신경세포의 기능
		· PPT 활용

	2. [개별 활동] 증강현실로 세포의 구조 탐구 [활동 안내] 1) 활동지의 세포 그림을 확인하기 2) 빈칸에 세포의 각 구조를 쓰고, 색깔을 정하기 3) 세포의 각 구조에 해당하는 색깔을 칠하기 4) 플레이스토어 또는 앱스토어에서 퀴버(Quiver) 앱 다운로드 5) 퀴버 앱 실행, 활동지의 QR 코드 스캔하기 6) 페이지를 스캔하여 증강현실을 통해 세포의 구조 탐구하기	[활동 자료] · 활동지 · 색연필 또는 사인펜 등 [유의점] · 퀴버 앱의 증강현실 서비스는 유료지만 활동지는 웹사이트에서 무료로 다운로드할 수 있다.
	3. [개별 활동] 자신을 구성하는 세포 만들기 [활동 안내] 1) 자신의 특징이 잘 드러나는 세포 3가지 만들기 2) 각 세포를 그림으로 나타내기 3) 자신의 특징을 반영하여 각 세포의 기능과 특징을 적기	· 활동지 · 색연필 또는 사인펜 등
	4. [발표] 개별 결과물 발표 및 평가 - 평가 방법 : 자기 성찰 평가, 교사 평가	
정리	1. 세포의 구조와 기능 정리 2. 다음 차시 안내	

평가 계획

1 평가 개요

성취 기준	2)-가) 세포		
평가 유형	☑ 의사소통형　☑ 학습확인형	☐ 포트폴리오형	☐ 실험실습형　☐ 기타:
평가 방법	☑ 자기 평가	☐ 동료 평가	☑ 교사 평가
평가 대상	☑ 개인	☐ 소그룹	☐ 학급 전체
평가 시기	☐ 도입	☐ 수업 중	☑ 수업 마무리

2 평가 세부 척도

- 자기 성찰 평가 (세포 만들기 활동)

평가요소	평가기준	평가척도		
		상	중	하
내용의 충실성	자신의 세포에 대해 설명하는 내용이 구체적이며 결과물의 완성도가 높음			
참여도	자신의 대한 진지한 성찰과 탐구를 바탕으로 세포 만들기 활동에 참여함			
세포 만들기 활동 후 느낀 점을 적어보세요.				

- 교사 평가 (세포 만들기 활동)

평가요소	평가기준	배점	합계	합계
내용의 이해	세포의 기능 4가지를 모두 작성함	50	50	100
	세포의 기능 2~3가지를 작성함	40		
	세포의 기능 1가지 이하를 작성함	30		
내용의 충실성	자신을 구성하는 세포를 만들고, 기능과 구조를 세포의 기능과 구조와 연결하여 자신의 특징을 드러내며 설명할 수 있음	30	50	
	자신을 구성하는 세포를 만들고, 기능 또는 구조를 세포의 기능 또는 구조와 연결하여 설명할 수 있음	40		
	자신을 구성하는 세포를 만들고 설명할 수 있음	30		

3 세부능력 및 특기사항 기록 예시

성취기준에 따른 성취수준   수행 과정 및 결과   교사 총평

　세포의 구조와 기능에 대해 학습하고, 세포를 기능에 따라 상피세포, 결합세포, 근육세포, 신경세포로 분류할 수 있음. 세포에 대한 학습 내용을 바탕으로 자신만의 세포를 만들어보는 활동을 수행함. 자신의 특성에 대한 성찰을 바탕으로 자신을 구성하고 있는 세포를 만들고 각각의 세포의 기능을 찾아봄. 무언가에 몰두하는 열정있는 태도와 항상 모든 일에 긍정적인 태도를 견지하는 자신의 특성을 반영하여 각각 열정 세포와 깔깔 세포로 칭함. 세포가 모이면 조직이 된다는 이해를 바탕으로, 자신을 구성하는 각각의 세포들이 모인 조직을 '수선화 조직'이라고 칭함. 수선화의 꽃말인 '자기 사랑'은 본인 스스로를 존중하고 행복한 인생을 살아가고자 하는 자신의 가치관을 나타내는 말이며, 이를 통해 자신이 좋아하는 것과 살아가고 싶은 삶의 태도에 대해 생각해 봄. 자신에 대한 이해도가 높은 학생이며 긍정적인 태도로 살아가고자 하는 삶의 태도가 눈에 띔. 세포에서 기관, 계통, 인체에 이르는 전반적인 과정에 대한 이해를 바탕으로 앞으로 배워나갈 인체의 해부학적 구조와 크고 작은 생리 활동들에 대해 열정적으로 탐구하고자 하는 지적호기심이 왕성한 학생으로, 이후의 발전이 기대됨.

교육 활동 자료

읽기 자료 ｜ 사람 세포가 10배 커지면 어떻게 될까?

사람 세포의 크기는 대개 100㎛(마이크로미터) 안팎이다. 만약 이 세포의 크기를 10배가량 부풀리면 어떻게 될까. 미국 매사추세츠공대(MIT) 과학자들이 실험을 통해 세포 크기의 비밀을 밝혀냈다. 이 연구결과는 국제학술지 '셀' 온라인판 7일자에 실렸다.

사람 몸은 약 60조 개나 되는 세포로 이뤄져 있다. 이 중 가장 작은 세포는 온몸에 산소를 운반하는 적혈구로 지름이 약 8~10㎛다. 핵이 없기 때문이다. 가장 큰 세포는 난자로 150㎛에 육박한다. 한편 길이가 가장 긴 세포는 신경세포(뉴런)로 최대 1m정도다. 뉴런은 세포체의 크기는 비슷하지만 전기신호를 어디까지 전달하느냐에 따라 축삭의 길이가 다르다.

어느 조직에 위치하고 어떤 일을 하느냐에 따라 세포 크기는 각기 다르지만, 각 종류마다 세포의 크기가 거의 똑같다. 적혈구끼리, 피부세포끼리, 간세포끼리, 뉴런 세포체끼리 크기가 비슷하다는 뜻이다. 하지만 세포가 노화하면 부피가 약간 커졌다. 지금까지 이에 대한 구체적인 원인을 알 수 없었다.

MIT 생물학과 연구팀은 실험실에서 효모 세포를 10배가량 부풀리는 실험을 했다. 그 결과 세포가 제 기능을 정상적으로 하지 못하는 것을 발견했다. 연구를 이끈 가브리엘 뉴로르 박사후연구원은 "세포 속 DNA가 정상 기능을 하는 데 필요한 만큼 단백질을 충분히 생산하지 못했고, 세포질의 농도가 낮아져 화학반응이 느려진 탓"이라면서 "결과적으로 세포가 노화하면서 세포분열을 하지 못했다"고 밝혔다.

연구팀은 세포마다 각자 위치한 조직과 기능에 맞게 최적의 크기를 유지한다고 결론지었다. 즉 같은 조직에서 비슷한 기능을 하는 세포끼리는 필연적으로 비슷한 크기를 가질 수밖에 없다는 얘기다.

연구에 참여한 안젤리카 아몬 생물학과 교수는 "DNA 복제 동안 돌연변이가 발생하면 세포가 분열을 멈추고 스스로 수리하는데 이때 부피가 약간 커진다."면서 노화 세포가 커지는 이유를 설명했다.

연구팀은 세포가 성장할 때 유형에 따라 적절한 크기까지 자라는 방법을 추가적으로 연구 중이다.

이정아(2019), 사람 세포가 10배 커지면 어떻게 될까, 동아사이언스
https://www.dongascience.com/news.php?idx=26722

인체의 구성 – 세포

고교학점제 in 보건간호과

인체의 구성
(1) 세포

| 과목 | 인체 구조와 기능 |

세포의 구조

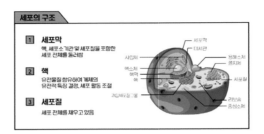

1. **세포막**
   핵, 세포소기관 및 세포질을 포함한 세포 전체를 둘러쌈

2. **핵**
   유전물질 함유하여 개체의 유전적 특징 결정, 세포 활동 조절

3. **세포질**
   세포 전체를 채우고 있음

세포의 정의

세포란?

1. 모든 식물과 동물의 가장 기본적인 구성요소

2. 생명 유지에 필수적인 기능 수행

세포막의 구조

세포막: 세포의 바깥 경계

인지질, 콜레스테롤, 단백질, 탄수화물 등으로 구성

1. **인지질**   지방용해성 물질이 세포로 쉽게 들어오거나 나갈 수 있게 함
2. **콜레스테롤**   막의 유동성 조절하여 막의 안정성 증가
3. **단백질**   효소, 운반체, 항원의 기능
4. **탄수화물**   세포막의 바깥쪽에 존재, 외부로부터 정보 받아들임

세포질의 기능

1. 세포막과 핵 사이에 있는 모든 부분, 세포막으로 둘러싸임

2. 세포소기관(cell organelles)과 세포 내 저장되어 있는 함유물(inclusion)이 들어있음

핵의 구조와 기능

▫ 세포에서 일어나는 대부분의 물질대사 조절
   → 세포분열, 성장, 재생, 증식 및 단백질 합성

▫ 유전정보를 담고 있어 개인의 **유전적 특질** 결정

▫ 핵산과 핵단백질이 포함되어 **생명유지**에 중요한 역할 담당

[활동] 자신을 구성하는 세포 만들기

STEP 1
자신의 특성이 잘 드러나는 세포 3가지를 만들어보기

STEP 2
각 세포를 그림으로 나타내보기

STEP 3
자신의 특징을 반영하여 각 세포의 기능과 특징을 적어보기

[평가] 자신을 구성하는 세포 만들기

평가요소	평가기준	배점	합계
내용의 이해	세포의 기능 4가지를 모두 작성하였다.	50	50
	세포의 기능 2~3가지를 모두 작성하였다.	40	
	세포의 기능 1가지 이하를 모두 작성하였다.	30	
내용의 충실성	자신을 구성하는 세포를 만들고 기능과 구조를 세포의 기능과 구조와 연결하여 자신의 특징을 드러내어 설명할 수 있다.	50	50
	자신을 구성하는 세포를 만들고 기능 또는 구조를 세포의 기능 또는 구조와 연결하여 설명할 수 있다.	40	
	자신을 구성하는 세포를 만들고 설명할 수 있다.	30	

추가 합계 100

활동 결과물

증강현실로 세포의 구조 탐구하기

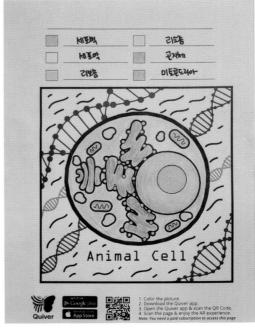

참고 자료

퀴버(Quiver) 웹사이트에서 활동지 다운로드 받는 방법

퀴버(Quiver)란 증강현실을 이용하여 학습할 수 있는 앱으로, 세포의 구조 학습 시 활용하기 좋다. 단, 증강현실 서비스는 유료이며, 활동지는 퀴버 웹사이트에서 무료로 다운로드할 수 있다. 활동지 다운로드 방법은 아래를 참고하면 된다.

① 퀴버 웹사이트 접속 (https://quivervision.com/)

② 상단 메뉴 'Education Resources' – 'Activity Plans' – 'Eukaryotic Cells' 선택

③ 'coloring sheet' 선택하여 'Animal cell' 활동지 다운로드

*출처: 퀴버 웹사이트

문화 콘텐츠로 세포 학습하기

© Akane Shimizu / KODANSHA, Aniplex, davidproduction

＊출처: 애니플렉스

- 드라마: 일하는 세포(2018), https://www.netflix.com/kr/title/81028791?source=naver

  우리가 모르는 사이, 인체를 지키기 위해 열심히 일하는 누군가가 있다?

  수많은 세포가 의인화된 캐릭터로 살아난다! 빨간 모자를 쓴 배달부 적혈구, 침입자를 물리치는 백혈구, 귀여운 꼬맹이 혈소판 등 각 몸 안에서 어떤 활약을 할까?

이동건(2017), 유미의 세포들, 위즈덤하우스

유미의 세포들2(2022)

＊출처: (좌)YES24 / (우)TVING

- 웹툰/도서/드라마: 유미의 세포들, https://www.netflix.com/kr/title/81028791?source=naver

  삼십 대 초반 직장인 여성 유미의 연애와 일상을 그녀의 세포들을 통해 세밀하고 단백하게 표현해낸 작품으로 유미의 머릿속에서 이성, 감성, 식욕, 패션 센스, 사랑 등 다양한 감정과 욕망을 담당하는 세포들이 어떤 방식으로 행동과 생각을 결정하는지를 그리고 있다.

■ **참고 자료 출처**
- 김연화 외 3인(2022), 고등학교 인체구조와 기능, 포널스, 28~30
- 우치갑 외 8인(2018), 수업이 즐거운 교육과정-수업-평가-기록의 일체화, 테크빌교육, 216~217

02 관절 가동 범위 뮤직비디오 제작하기

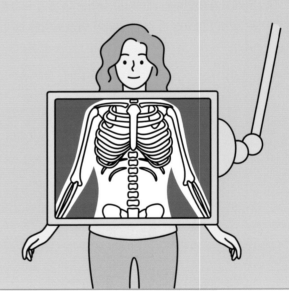

교수·학습 계획

수업방법	강의식, 프로젝트 학습	운영 형태	on/off
대단원	Ⅲ. 근골격계통	예상 차시	3~4차시
중단원	4. 관절		
준비물	영상 촬영 도구(삼각대, 카메라, 휴대폰), 영상 편집 도구(영상 편집 앱을 사용할 수 있는 휴대폰), 원격수업 도구(마이크와 웹캠 사용이 가능한 PC), PPT, 활동지		
성취기준	3)-라) 관절		
학습목표	· 인체 주요 관절의 구조, 기능, 명칭에 대해 이해하고 설명할 수 있다. · 인체 주요 관절과 골격·근육과의 상호작용에 대해 이해하고 설명할 수 있다.		

수업 흐름도

STEP 1	인체 주요 관절 구조와 기능에 대해 설명하기
STEP 2	관절 가동 범위 뮤직비디오 제작하기
STEP 3	뮤직비디오 상영회 및 평가

온/오프라인 수업이 모두 가능한 교수·학습 계획안으로, 전 차시 학습 내용인 인체 주요 근육, 골격에 대해 상기시킨 후 관절 구조에 대해 설명하여 학습 내용이 자연스럽게 이어지도록 한다.

교사가 직접 관절 가동 범위 운동을 시범 보이거나 동영상을 보여주어 학생들의 직접적인 이해를 돕고, 관절 움직임을 포함한 뮤직비디오를 2분 이내로 제작하도록 안내한다. 모둠원이 상의하여 관절 가동 범위 운동 선정 및 음악과 촬영 장소 선정, 컨셉 주제 선정 등의 과정이 이루어지도록 하고 시나리오 작가, 촬영 감독 등과 같은 역할을 분담하여 모둠 활동이 이루어지도록 한다.

온라인 수업의 경우, 각자 촬영하는 데 제약이 있다면 온라인 검색을 통해 뮤직비디오 속 관절 가동 범위를 조사하거나 댄스 영상을 새롭게 편집하는 등 상황에 맞게 유동적으로 활용할 수 있다. 결과물이 모두 제출되면 뮤직비디오 상영회를 통해 학생들이 직접 결과물을 확인하고 평가하여 관절 가동 범위를 정확하게 이해하고 즐겁게 활동할 수 있게 된다.

단계	교수·학습활동	활동 자료 또는 유의점
도입	1. 동기 유발 – 전 차시에 학습한 근육과 골격에 대한 퀴즈 2. 학습 목표 제시 및 학습 과정 안내	· 칠판 또는 PPT 활용
전개	1. [강의] 세포의 구조와 기능 – 관절의 분류 – 관절 가동 범위 종류	· PPT 활용
	2. [모둠 활동] 관절 가동 범위 뮤직비디오 제작 – 모둠 구성(4인 1모둠) 및 활동 안내 [활동 안내] 1) 평가척도 제시: 평가척도를 미리 안내하여 모둠 활동의 기틀을 잡도록 한다. 2) 주제 선정: 건강 스트레칭, 우정 댄스 등 자유롭게 주제를 선택하도록 한다. 3) 역할 분담: 시나리오 작가, 촬영 감독, 영상 편집자, 발표자 등 역할을 분담한다. 4) 영상 촬영 및 편집 활동: 대략적인 시나리오를 작성하여 촬영과 편집이 이루어지도록 한다. 제작 분량은 2분 이내로 제한한다. – 활동 안내에 따라 모둠별로 활동을 진행한다.	[활동 자료] · 시나리오 활동지 활용 [유의점] · 원격수업의 경우, 교사가 모둠 활동 상황을 실시간으로 확인하여 피드백을 제공한다.
	3. [평가] 모둠별 발표 및 평가하기 – 발표 시간: 영상 시청 시간 포함 5분 이내 – 평가 방법: 동료 평가, 자기 성찰 평가	· 평가지 활용
정리	1. 관절 구조와 기능 및 관절 가동 범위 정리 2. 다음 차시 안내	

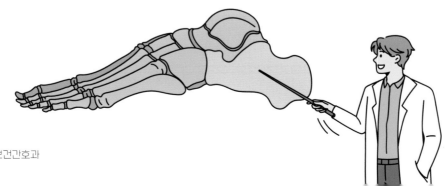

평가 계획

1 평가 개요

성취 기준	3)-라) 관절
평가 유형	☐ 의사소통형 ☐ 학습확인형 ☑ 포트폴리오형 ☐ 실험실습형 ☐ 기타:
평가 방법	☑ 자기 평가 ☑ 동료 평가 ☐ 교사 평가
평가 대상	☑ 개인 ☑ 소그룹 ☐ 학급 전체
평가 시기	☐ 도입 ☑ 수업 중 ☐ 수업 마무리

2 평가 세부 척도

▪ 자기 성찰 평가

평가요소	평가기준	평가척도		
		상	중	하
참여도	주어진 역할에 책임감을 느끼고 활동을 충실히 수행함			
의사소통	모둠원 간 서로 협력하여 의견을 나눔			
활동을 통해 느낀 점, 새롭게 알게 된 점을 적어보세요.				

▪ 모둠 간 평가

평가요소	평가기준	배점	모둠			
			1	2	3	4
내용의 충실성	선정한 주제가 적합하고 내용이 구체적이며 결과물의 완성도가 높음	30				
흥미도	활동 결과물이 흥미로워 관련 내용을 더 알아보고 싶음	30				
발표력	발표 시간이 적절하고 말의 속도, 크기, 시선 처리와 내용 전달이 우수함	40				
합계		100				

평가요소	평가기준	평가척도		
		상	중	하
모둠원 [ ]	책임감	자신이 맡은 대부분의 역할에 최선을 다하여 적극적으로 참여함			
	기여도	주제 선정, 역할 분담, 계획 수립, 활동 수행 등 모둠 내 의사결정 및 원활한 활동 진행에 기여함			
	기타 의견	*모둠원의 활동에 대하여 자유롭게 적어보세요.			

3 세부능력 및 특기사항 기록 예시

성취기준에 따른 성취수준   수행 과정 및 결과   교사 총평

　인체가 움직이는 원리에 궁금증을 느끼며 근육, 골격, 관절과 같은 인체구조의 기능을 이해하고 굴곡과 신전 등 상반되는 관절 가동 범위 운동을 비교하여 설명할 수 있음. 관절 움직임의 종류와 각 움직임이 발생하는 관절을 조사하고, 모둠 활동으로 관절 가동 범위 운동이 포함된 뮤직비디오를 제작함. 모둠원과 끊임없이 상의하여 참신한 뮤직비디오 컨셉 주제를 정하고, 촬영 컨셉에 따른 장소, 음악 등을 선정하는 데 적극적으로 참여하여 완성도 높은 결과물 산출에 기여했다는 모둠원들의 긍정적인 평가를 받음. 전반적인 인체 기능에 대한 이해도가 높으며, 주어진 과제를 제출하는 것에 그치지 않고 자발적인 추가 학습을 하는 학생으로 앞으로의 성장이 더욱 기대됨.

교육 활동 자료

읽기 자료 | 근육&골격 초성 퀴즈

근육 초성 퀴즈

ㄷㅊㅅ ㅅㅊ	ㅍㅎㄱ	ㅈㄷㄱ	ㅎㄱㅁ
근육 길이에 변화를 주지 않고 특정한 각도에서 정지한 상태로 힘을 주는 운동	현미경으로 관찰 시 횡문근과 달리 줄무늬가 없고, 소화관, 방광 등 내장 근육을 구성함	골격근의 상호작용 시 수축으로 원하는 운동을 수행하는 근육	숨을 들이마시면 수축하여 아래로 내려가고, 숨을 내쉴 때는 이완하여 위로 올라가는 호흡 근육

■ 정답: 등척성 수축, 평활근, 주동근, 횡격막

골격 초성 퀴즈

ㅅㅈㅎㄹㅁ	ㄷㄱㄱ	ㄱㄱㄱ	ㄷㅌㄱ
뇌하수체 전엽에서 분비되어 연골세포, 뼈모세포의 유사분열 속도를 증가시키는 호르몬	뇌를 보호하는 뇌두개골과 안면골로 구성되어 있음	가슴의 후면에 크고 납작한 역삼각형 모양의 편평골	인체에서 가장 길고, 무겁고, 튼튼한 뼈

■ 정답: 성장호르몬, 두개골, 견갑골, 대퇴골

PPT 자료

관절 가동 범위

고교학점제 in 보건간호과

관절 가동 범위
(Range of Motion)

과목 | 인체 구조와 기능 – 근골격계의 구조와 기능

관절 가동 범위(ROM)

관절 가동 범위(ROM)란?

- 관절을 움직일 때 측정한 관절의 운동 범위
- 그 최대각도를 각 운동 방향에 따라서 표현함

---

1. 굴곡 & 신전

1) 굴곡과 신전

1. **굴곡** 신체 부위 간의 각도가 감소하는 관절운동으로,
   두 뼈가 근접한다.

2. **신전** 신체 부위 간의 각도가 증가하는 관절운동으로,
   두 뼈가 멀어진다.

---

1. 굴곡 & 신전

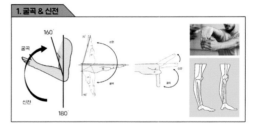

---

2. 내전 & 외전

2) 내전과 외전

1. **내전** 신체의 정중선을 향하는 움직임
2. **외전** 신체 정중선에서 멀어지는 움직임

---

2. 내전 & 외전

---

3. 내회전 & 외회전

3) 내회전과 외회전

1. **내전** 신체중심을 향하여 회전 운동
2. **외전** 신체중심으로부터 멀어지는 회전운동

---

3. 내회전 & 외회전

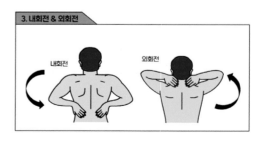

활동 결과물

■ 참고 자료 출처
- 우치갑 외 8인(2018), 수업이 즐거운 교육과정-수업-평가-기록의 일체화, 테크빌교육, 216~217
- 김연화 외 3인(2022), 고등학교 인체구조와 기능, 포널스, 48~72

03 혈액 관찰 실험

교수·학습 계획

수업방법	실험, 토의·토론 학습	운영 형태	off
대단원	IV. 순환 계통	예상 차시	1~2차시
중단원	3. 혈관		
준비물	현미경, 받침 유리, 덮개 유리, 핀셋, 채혈침, 스포이트, 에탄올, 김자액, 증류수		
성취기준	4)-3) 혈관		
학습목표	· 현미경을 이용하여 혈액을 관찰할 수 있다. · 혈액을 구성하는 혈구의 특징을 설명할 수 있다.		

수업 흐름도

STEP 1	혈액의 구성 이해하기
STEP 2	현미경을 이용하여 혈액 관찰하기
STEP 3	실험 보고서 작성하기
STEP 4	발표 및 정리

순환 계통의 구조와 기능을 학습하고, 현미경을 이용하여 혈액을 관찰하는 활동이다. 혈액을 구성하는 혈구들을 관찰하여 형태적 차이와 기능의 차이를 이해하고, 혈구가 다른 색으로 염색되는 이유에 대해 생각해 본다. 실험 재료는 교사가 미리 준비해야 하며, 실험도구가 생소한 학생들에게 현미경과 실험 재료들을 충분히 설명해주는 시간이 필요하다. 손가락 끝을 채혈침으로 직접 채혈하는 과정이 있기 때문에 실험을 시작하기 전에 꼼꼼하게 손을 씻도록 지도하고, 채혈침은 일회용으로 한 번 사용한 후 버리도록 안내한다. 교사가 실습 활동 중 수시로 모둠별 순회 지도를 하면서 실험 진행 상황을 확인하고, 실험도구를 안전하게 사용할 수 있도록 안내한다.

학생들이 실험·실습을 완료한 후에는 그 과정이나 결과에 대해 보고서를 쓰게 하고, 제출된 보고서와 함께 교사가 관찰한 실험·실습 과정을 종합적으로 평가한다. 실험·실습을 위한 기자재의 조작 능력이나 태도, 지식을 적용하는 능력, 협력적 문제해결 능력 등에 대해 포괄적이면서도 종합적으로 평가한다.

수업 지도안

단계	교수·학습활동	활동 자료 또는 유의점
도입	1. 동기 유발 - 전시학습 내용 복습 퀴즈 2. 학습 목표 제시 및 학습 과정 안내	· PPT 또는 띵커벨 활용
전개	1. [강의] 세포의 구조와 기능 - 혈장: 혈장단백질, 그 밖의 구성 물질 - 혈구성분: 적혈구, 백혈구, 혈소판 - 혈액의 기능	· PPT 활용
	2. [실습 활동] 혈액 관찰 실험 - 실험 준비물 확인 및 실험도구의 사용법 안내 - 모둠 구성(4인 1모둠) 및 실험 과정 안내 [활동 안내] 1) 손가락 끝을 알코올 솜으로 소독한 후 채혈침으로 채혈한다. 2) 혈액을 2개의 받침 유리에 3~5방울씩 떨어뜨린다. 3) 혈액 위에 덮개 유리를 비스듬히 대고 살며시 밀어 혈액을 얇게 핀다. 4) 받침 유리1에는 생리식염수를 한 방울 떨어뜨리고 덮개 유리로 덮은 후 현미경으로 관찰한다. 5) 받침 유리2에는 공기 중에 몇 분간 두어 혈액을 말린 후 에탄올을 한 방울 떨어뜨리고 공기 중에 몇 분간 말린다. 6) 받침 유리2의 혈액이 마르면 김자액을 한 방울 떨어뜨리고 5분 정도 말린다. 7) 받침 유리2를 증류수 비커에 2~3번 담갔다 꺼내어 김자액을 가볍게 씻어낸 다음, 덮개 유리로 덮고 현미경으로 관찰한다.	[활동 자료] · 실험 준비물 자료, 영상 활용 [유의점] · 교사가 모둠별 순회 지도를 하며, 실험 진행 상황을 확인한다. · 안전하게 실험도구를 사용할 수 있도록 지도한다.
	3. [모둠 활동] 실험 보고서 작성 - 현미경으로 관찰한 혈구의 생김새 그리기 - 관찰한 혈구의 특징을 비교하여 정리하기	· 활동지 활용
	4. [평가] 발표 및 평가하기 - 평가 방법: 자기 평가 및 모둠 내 동료 평가	
정리	1. 실험도구 정리 및 내용 정리 2. 다음 차시 안내	

평가 계획

1 평가 개요

성취 기준	4)-3) 혈관		
평가 유형	☐ 의사소통형 ☐ 학습확인형 ☐ 포트폴리오형 ☑ 실험실습형 ☐ 기타:		
평가 방법	☑ 자기 평가	☑ 동료 평가	☐ 교사 평가
평가 대상	☑ 개인	☑ 소그룹	☐ 학급 전체
평가 시기	☐ 도입	☐ 수업 중	☑ 수업 마무리

2 평가 세부 척도

- 자기 성찰 평가(오늘 수업 되돌아보기)

1	수업 중 기억에 남는 내용 또는 장면	
2	실습 활동을 통해 배운 것	
3	실습 활동 중 아쉽거나 어려웠던 점	
4	실습 활동 후 더 궁금하거나 추가로 탐구하고 싶은 내용을 적어보세요. (궁금한 내용을 추가 탐구하여 다음 시간에 친구들과 공유해 보세요.)	

▪ 모둠 내 동료 평가

모둠원	활동 평가 (별점)	평가 이유
나 (　　　　　)	☆ ☆ ☆ ☆ ☆	
	☆ ☆ ☆ ☆ ☆	
	☆ ☆ ☆ ☆ ☆	
	☆ ☆ ☆ ☆ ☆	

※ 평가 이유는 다음 기준을 참고하여 구체적으로 서술하세요.
- 모둠원들의 의견에 주의 깊게 경청하였다.
- 모둠 활동에 적극적으로 참여하였다.
- 실습 활동 역할 분담에서 자신의 역할을 책임감 있게 수행하였다.

3 세부능력 및 특기사항 기록 예시

● 성취기준에 따른 성취수준　　　● 수행 과정 및 결과　　　● 교사 총평

　　혈액의 구성과 기능에 대해 학습하고, 혈액을 직접 채취하여 현미경을 통해 적혈구와 백혈구의 특징을 비교하여 기록함. 모둠원들과 함께 관찰한 내용에 대해 이야기 나누며 혈구의 생김새를 비교하여 보고서를 작성함. 탐구 결과를 발표할 때, 직접 그린 그림을 활용하여 다른 사람들이 알아듣기 쉽게 설명하였으며, 내용을 보기 쉽게 요약하여 자신이 탐구한 바를 잘 나타냄. 적혈구 질환과 관련된 자료를 찾아 깊이 있게 탐구하며 심화 학습하는 모습을 보임. 혈액 내 적혈구의 수가 부족하거나 헤모글로빈의 농도가 낮아 산소를 적절하게 운반할 수 없는 상태가 빈혈이라고 설명하며, 관련 사진 자료를 통해 이해하기 쉽게 설명함. 모둠 활동에서 활발한 토의가 이루어지도록 주도적으로 이끄는 모습을 보였으며, 실험 결과를 도출하는 과정에서 과학적 탐구 능력을 보임. 실습 활동이 끝난 후 뒷정리를 자처하였으며, 다른 학생을 배려하는 마음과 봉사심이 깊은 학생임.

교육 활동 자료

미래엔(2022), 올리드 중등 과학2-2_5단원 p28_03 혈액 속 혈구 관찰_실험동영상
https://youtu.be/kk1t-FEvAvQ

수업 활동 안내 자료

고교학점제 in 보건간호과

혈액 관찰 실험

과목 | 인체 구조와 기능 - 순환계통

활동 순서

01	혈액 구성 이해하기	04	실험 결과 정리
02	현미경을 통한 혈액 관찰	05	모둠별 활동 결과 나누기
03	혈구의 특징 비교하기	06	실험 도구 정리

주의사항 및 준비물

- 손을 깨끗하게 씻고 장갑을 반드시 착용하여 위생적으로 실험한다.
- 실험 도구 사용법을 잘 숙지하여 안전하게 실험을 진행한다.
- 모든 실험이 끝난 후에는 깨끗하게 정리해야 한다.

실험 준비물

• 현미경	• 스포이트
• 받침유리	• 에탄올
• 덮개유리	• 김사액
• 핀셋	• 증류수
• 채혈침	• 장갑

실험 목적 및 원리

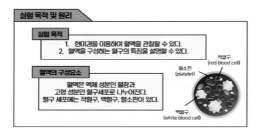

실험 목적
1. 현미경을 이용하여 혈액을 관찰할 수 있다.
2. 혈액을 구성하는 혈구의 특징을 설명할 수 있다.

혈액의 구성요소
혈액은 액체 성분인 혈장과
고형 성분인 혈구세포로 나누어진다.
혈구 세포에는 적혈구, 백혈구, 혈소판이 있다.

적혈구 (red blood cell)
혈소판 (platelet)
백혈구 (white blood cell)

실험 방법

1 채혈한 혈액을 받침유리에 떨어뜨린다.
손가락 끝을 알코올 솜으로 소독한 후 채혈한다.
혈액을 2개의 받침유리에 3~5방울씩 떨어뜨린다.

2 덮개 유리에 혈액을 얇게 편다.
혈액 위에 덮개 유리를 비스듬히 대고
살짝이 밀어 얇게 편다.

3 받침유리: 생리식염수를 떨어뜨리고 관찰한다.
받침유리에 생리식염수를 한 방울 떨어뜨리고
덮개유리로 덮은 후 현미경으로 관찰한다.

4 받침유리: 에탄올 떨어뜨리고 말린다.
받침유리에는 공기 중에 못 분간 두어 혈액을
말린 후 에탄올 한 방울 떨어뜨리고 공기 중에
못 분간 말린다.

4 받침유리: 김사액 떨어뜨리고 말린다.
받침유리의 혈액이 마르면 김사액을 한 방울
떨어뜨리고 5분 정도 말린다.

6 받침유리: 가볍게 씻어내 관찰한다.
받침유리를 증류수 비커에 2~3번 담갔다 꺼내어
김사액을 가볍게 씻어낸 다음 덮개 유리로 덮고
현미경으로 관찰한다.

관찰 내용 정리

1. 현미경으로 관찰한 혈구를 그림으로 그려보자

내용:	내용:

2. 관찰한 혈구의 특징을 적어보자

활동 결과 발표

우리 모둠이 관찰한 혈구의 사진과 함께
관찰한 혈구의 특징을 비교하여 설명해 봅시다.

또한, 실험을 통해 느낀 점 또는 궁금한 내용과
더 알아보고 싶은 내용을 적어봅시다.

실험 도구 정리

사용한 실험 도구를 정리합니다.

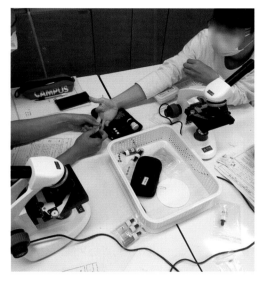

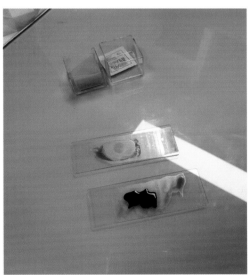

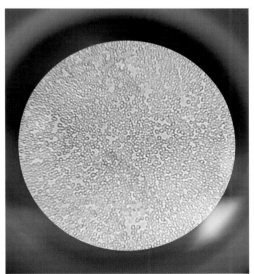

■ 참고 자료 출처
- 김현하 외 6인(2023), 고등학교 간호의 기초, 포널스, 72~83
- 미래엔(2022), 올리드 중등 과학2-2_5단원 p28_03 혈액 속 혈구 관찰_실험동영상, https://youtu.be/kk1t-FEvAvQ
- 우치갑 외 8인(2018), 수업이 즐거운 교육과정-수업-평가-기록의 일체화, 테크빌교육, 216~217

04
내분비 호르몬
메모리 카드 게임

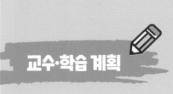
교수·학습 계획

수업방법	강의식, 협동학습	운영 형태	off
대단원	Ⅷ. 내분비계통	예상 차시	2차시
중단원	1. 주요 내분비기관과 기능		
준비물	PPT, 활동지, 호르몬 메모리 카드, 색지, 사인펜, 색연필		
성취기준	8)-가) 내분비 계통의 구조 8)-나) 내분비 계통의 기능		
학습목표	· 인체의 호르몬 종류와 기능을 설명할 수 있다. · 주요 호르몬 분비기관과 그 종류를 이해한다.		

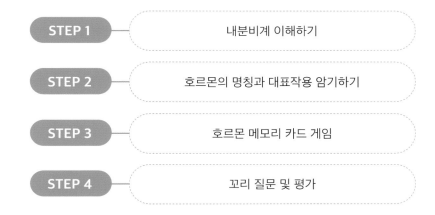

수업 흐름도

STEP 1	내분비계 이해하기
STEP 2	호르몬의 명칭과 대표작용 암기하기
STEP 3	호르몬 메모리 카드 게임
STEP 4	꼬리 질문 및 평가

내분비계통 수업에서는 주요 내분비기관과 기관에서 분비되는 호르몬, 그 호르몬의 기능과 특정 작용, 호르몬 이상 시의 신체적 변화 등 학생들이 기억해야 할 핵심 개념들이 많다. 학생들이 호르몬의 명칭과 대표작용을 즐겁게 잘 기억할 수 있도록 보드게임을 적용하여 수업을 설계하였다. 내분비계를 이해하기 위해서는 교사가 강의하는 방식뿐만 아니라 모둠별로 직소 모형을 적용하여 학생들의 이해도를 높이는 수업을 진행할 수 있다.

기관별 분비 호르몬과 대표작용을 매칭하는 '메모리 카드 게임'은 남녀노소 쉽게 접하는 게임으로 방법이 간단하여 수업에 적용하기 용이하다. 학생들이 게임을 어려워한다면 호르몬 명칭 카드와 대표작용 카드 구역을 구분하여 구역별로 하나씩 선택할 수 있도록 난이도를 조절할 수 있다. 처음에는 4~5인이 하나의 모둠으로 진행하여 개인의 역량을 충분히 발휘할 수 있도록 하고, 여유가 된다면 모둠 활동 후 모둠이 한 팀이 되어 학급 전체로 게임을 진행하는 방법 또한 추천한다.

수업과 활동을 마친 후에는 학생들 개개인의 지적 호기심이 드러날 수 있도록 수업을 듣고 궁금한 점을 스스로 꼬리 질문으로 생각하고 만들어보게 한다. 꼬리 질문에 대한 답을 직접 찾아 포스터로 작성하는 활동을 통해 탐구 능력을 함양할 수 있으며, 자신이 탐구한 결과를 친구들과 공유하며 더불어 성장하는 기회를 가질 수 있다.

수업 지도안

단계	교수·학습활동	활동 자료 또는 유의점
도입	1. 동기 유발 - 호르몬 관련 노래 영상 시청 2. 학습 목표 제시 및 학습 과정 안내	· PPT, 영상 활용
전개	1. [강의] 내분비계 이해 - 내분비계 주요 기관 - 기관별 분비 호르몬 및 호르몬의 대표작용 - 활동지를 보며 호르몬의 명칭과 대표작용 암기하기	· PPT 활용
전개	2. [모둠 활동] 호르몬 메모리 카드 게임 - 모둠 구성(4인 1모둠) 후 모둠별로 메모리 카드 1세트 받기 [활동 안내] 1) 4인 1모둠으로 구성하며 메모는 금지한다. 2) 호르몬의 명칭과 대표작용이 적혀진 카드끼리 짝을 맞춰 준비한다. 3) 메모리 카드를 뒤집고 잘 섞어 뒷면이 보이게 깔아 둔다. 4) 순서를 정한 후 차례가 되면 카드 중 2장을 뒤집어 보고 짝이 맞았는지 확인한다. 5) 짝이 맞을 경우: 해당 카드 2장을 가져오고, 즉시 한 번 더 2장의 카드를 뒤집어본다. * 짝이 맞지 않을 때까지 계속 진행할 수 있다. 6) 짝이 맞지 않을 경우: 해당 카드 2장을 다시 안 보이게 뒤집어 놓는다. 7) 메모리 카드를 전부 가져가면 게임이 끝나고, 가장 많은 카드를 가진 사람이 승리한다.	[활동 자료] · 모둠별 메모리 카드 [유의점] · 교사는 학생들이 정확하게 게임 규칙을 이해할 수 있도록 명확하게 설명한다.
전개	3. [개별 활동] 꼬리 질문 작성 [활동 안내] 1) 수업을 듣고 궁금한 점을 생각하여 직접 꼬리 질문을 만들고 답변 찾기 2) 꼬리 질문과 관련된 활동 포스터 작성하기 3) 모둠별로 꼬리 질문을 발표하고 베스트 질문 선정하기	· 꼬리 질문 활동지, 색지, 사인펜, 색연필 · 꼬리 질문은 수업과 관련하여 스스로 고민하고 답할 수 있도록 한다.
전개	4. [평가] 자기 및 동료 평가 - 평가 방법: 자기 성찰 평가, 모둠별 평가	· 평가항목 사전 안내
정리	1. 내분비계 정리 2. 다음 차시 안내	

평가 계획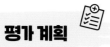

1 평가 개요

성취 기준	8)-가) 내분비 계통의 구조 8)-나) 내분비 계통의 기능				
평가 유형	☐ 의사소통형	☑ 학습확인형	☐ 포트폴리오형	☐ 실험실습형	☐ 기타:
평가 방법	☑ 자기 평가		☑ 동료 평가		☐ 교사 평가
평가 대상	☑ 개인		☑ 소그룹		☐ 학급 전체
평가 시기	☐ 도입		☐ 수업 중		☑ 수업 마무리

2 평가 세부 척도

- 자기평가 (꼬리 질문)

평가요소	평가기준 (상/중/하)	
주제의 적절성	내분비계와 관련된 적합한 주제를 꼬리 질문으로 선정함	상 / 중 / 하
내용의 충실성	조사한 내용이 구체적이며 활동 포스터의 완성도가 높음	상 / 중 / 하
발표 및 경청	꼬리 질문을 발표하고, 다른 모둠원이 발표할 때 경청함	상 / 중 / 하

- 자기 성찰 평가 (오늘 수업 되돌아보기)

수업을 통해 새로 배운 것	
수업 중 아쉬웠던 것	
느낀 점 (가장 기억에 남는 것)	

▪ 모둠별 평가 (메모리 카드 게임)

평가요소	평가기준 (상/중/하)	모둠원1	모둠원2	모둠원3	모둠원4
내용의 충실성	호르몬의 명칭과 대표작용을 정확히 이해하고 암기함				
참여도	게임 활동에 적극적으로 참여하여 게임 진행에 도움이 됨				
역할 및 소통	주어진 역할을 충실히 수행하며 모둠원간 소통하며 의견을 나눔				

3 세부능력 및 특기사항 기록 예시

성취기준에 따른 성취수준   수행 과정 및 결과   교사 총평

　　주요 내분비계 기관의 역할과 분비되는 호르몬을 구별하고 각 호르몬의 대표작용을 이해함. 내분비기관에서 분비된 호르몬이 혈류를 따라 순환하다 특정 세포나 기관에 도달하여 작용을 한다는 점에 놀라워하며 정확한 호르몬의 작용을 이해하고자 노력함. 호르몬의 명칭과 대표작용을 정확하게 암기하여 조별 메모리 카드 게임에서 우수한 성적을 거둠. 수업 후 환경 호르몬이 왜 '호르몬'으로 불리는지 호기심을 갖고 추가 탐구하는 모습을 보였으며, 환경 호르몬이란 생체 내의 호르몬과 비슷한 구조로 내분비기능을 교란시키는 물질이라는 점을 찾아내는 능동적인 모습을 보임. 이 점을 포스터 형식으로 구성하고 전시하여 많은 학생들에게 환경 호르몬의 위험성을 널리 알림. 평상시 과학적 탐구심이 높아 활동 후에 심화 학습에 대한 갈망이 높고 진로와 연계하여 생각하는 모습이 인상 깊음.

교육 활동 자료

영상 자료 | 노래로 3분 만에 호르몬 기능 공부하기

노래로 3분만에 호르몬 기능 공부하기 | 과학송 | 중3 과학

열공뮤직
구독자 3.58만명   구독   373   공유   저장   ...

열공뮤직(2022), 노래로 3분 만에 호르몬 기능 공부하기
https://www.youtube.com/watch?v=91s7n2sMbNs

내분비계통 주요 기관

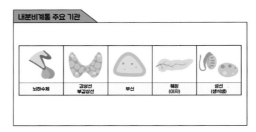

| 뇌하수체 | 갑상선
부갑상선 | 부신 | 췌장
(이자) | 성선
(생식샘) |

내분비계통 주요 기관

갑상선
목에서 기관의 바로 앞 갑상연골에 있으며 몸에서 가장 큰 적갈색의 내분비샘으로 무게 20~30g, 좌우 2엽으로 구성
- 호르몬: 티록신, 칼시토닌

부갑상선
갑상선의 좌우엽 뒷면에 위치하는 매우 작은 갈색의 내분비샘으로 4~6개가 있고 상,하로 쌍을 이룸
- 호르몬: 부갑상선 호르몬

뇌하수체 호르몬

분비샘		호르몬	표적 기관	대표 작용
뇌 하 수 체	전 엽	성장호르몬	대부분의 조직	단백질 합성 및 조직물 성장시킴
		갑상선(갑상샘)자극호르몬	갑상선	갑상선(갑상샘) 자극
		부신피질자극호르몬	부신피질	부신피질 자극 당류코르티코이드 분비
		유즙분비호르몬(프로락틴)	유선	유즙 생산 자극, 유선 성장 촉진
		난포자극호르몬	고환(남)	남: 정자 생성 촉진 / 여: 난포 성숙 촉진
		황체형성호르몬	난소(여)	난소와 고환 자극
	후 엽	옥시토신	자궁	출산 시 자궁 수축
		항이뇨호르몬	신장	신장(콩팥)에서 수분 흡수 촉진

호르몬 메모리 카드 게임

메모리 카드 게임 = 짝 맞추기 게임

호르몬의 명칭과 대표 작용의 짝 위치를 정확한 기억력과 집중력으로 가장 많이 찾아낸 사람이 승리할 수 있는 게임!

☞ 게임 인원 : 4인 1조
☞ 게임 소요 시간 : 20분

호르몬 메모리 카드 게임 순서

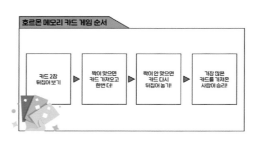

카드 2장 뒤집어 보기 ▶ 짝이 맞으면 카드 가져오고 한번 더! ▶ 짝이 안 맞으면 카드 다시 뒤집어 놓기! ▶ 가장 많은 카드를 가져온 사람이 승리!

호르몬 메모리 카드 게임

STEP 1
4~5인 1모둠으로 구성하며 메모는 금지한다.

STEP 2
호르몬의 명칭과 대표 작용이 적혀진 카드끼리 짝을 맞춰 준비한다.

STEP 3
메모리 카드를 뒤집고 잘 섞어 뒷면이 보이게 깔아 둔다.

STEP 4
순서를 정한 후, 우리 조의 차례가 되면 카드 2장을 뒤집고 짝이 맞는지 확인한다.

호르몬 메모리 카드 게임

STEP 5
짝이 맞을 경우, 해당 카드 2장을 가져오고 즉시 한번 더 카드 2장을 뒤집어본다.
❶ 짝이 맞지 않을 때까지 계속 진행할 수 있다.

당류 코르티코이드 | 스트레스 극복, 혈당 농도 증가 | 칼시토닌 | 혈중 칼슘 농도 감소

호르몬 메모리 카드 게임

STEP 6
짝이 안 맞을 경우, 해당 카드 2장을 다시 안 보이게 뒤집어 놓는다.

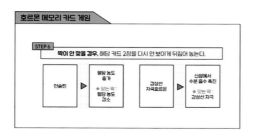

인슐린 ▶ 혈당 농도 증가
★ 맞는 짝 : 혈당 농도 감소 | 갑상선 자극호르몬 ▶ 신장에서 수분 흡수 촉진
★ 맞는 짝 : 갑상선 자극

호르몬 메모리 카드 게임

STEP 7
메모리 카드를 전부 가져가면 게임이 끝나고, 가장 많은 카드를 가진 사람이 승리한다.

호르몬 메모리 카드(18쌍)

부신피질자극 호르몬	갑상선자극 호르몬	난포자극 호르몬
황체형성 호르몬	유즙분비 호르몬 (프로락틴)	옥시토신
항이뇨 호르몬	티록신	칼시토닌 길항 : 부갑상선 호르몬

부갑상선 호르몬 길항 : 칼시토닌	당류 코르티코이드	염류 코르티코이드
카테콜라민 = 에피네프린 + 노어에피네프린	인슐린 길항 : 글루카곤	글루카곤 길항 : 인슐린
테스토스테론	에스트로겐	프로게스테론

부신피질 자극 당류코르티코이 드 분비	갑상선(갑상샘) 자극	남성 정자생성 촉진
		여성 난포성숙 촉진
난소와 고환 자극	유즙 생산 자극, 유선 성장 촉진	출산 시 자궁 수축
신장(콩팥)에서 수분 흡수 촉진	신진대사 촉진	혈중 칼슘 농도 감소

혈중 칼슘 농도 증가	스트레스 극복, 혈당 농도 증가	신장에서 수분을 흡수하여 일정 혈압 유지
대사율 증가 특정혈관 수축	혈당 농도 감소	혈당 농도 증가
남성 2차 성징 자극	여성 2차 성징 자극	자궁내막 비후 유지

게임 활동 사진

■ 참고 자료 출처
- 우치갑 외 8인(2018), 수업이 즐거운 교육과정-수업-평가-기록의 일체화, 테크빌교육, 216~217
- 문미선 외 11인(2016), 간호대학생을 위한 쉬운 일러스트 해부생리학 인체의 신비 Q&A 2, 군자출판사, 59
- 김연화 외 3인(2019), 인체구조와 기능, 포널스, 204~221
- 열공뮤직, 노래로 3분 만에 호르몬 기능 공부하기, https://www.youtube.com/watch?v=91s7n2sMbNs

05
뇌신경
아이콘 만들기

수업방법	강의식, 디자인 씽킹	**운영 형태**	on/off
대단원	IX. 신경·감각계통	**예상 차시**	2차시
중단원	2. 중추·말초 신경계		
준비물	원격수업 도구(마이크와 웹캠 사용이 가능한 PC 또는 태블릿), PPT, 활동지		
성취기준	9)-나) 중추·말초 신경계		
학습목표	인체의 중추·말초 신경계의 구조와 기능에 대해 이해하고 설명할 수 있다.		

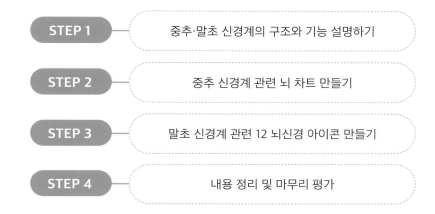

수업 흐름도

STEP 1   중추·말초 신경계의 구조와 기능 설명하기

STEP 2   중추 신경계 관련 뇌 차트 만들기

STEP 3   말초 신경계 관련 12 뇌신경 아이콘 만들기

STEP 4   내용 정리 및 마무리 평가

학생들이 이해하기 어려운 계통 중 하나인 중추·말초 신경계의 구조와 기능을 이해하기 위한 수업이다. 뇌와 척수의 신경세포는 중추 신경계를 만들고, 말초신경은 전신과 연결되어 있다는 내용을 학생들이 쉽게 이해할 수 있도록 강의식 수업을 시작한다. 중추·말초 신경계의 구조와 기능에 대해 학습한 내용으로 '중추 신경계 관련 뇌 차트 만들기' 활동과 '말초 신경계 관련 12 뇌신경 아이콘 만들기' 개별 활동을 진행한다.

첫 번째 활동인 중추 신경계 관련 뇌 차트 만들기 활동은 중추 신경계 구조 중 하나인 뇌의 구조를 대뇌, 간뇌, 소뇌, 뇌간으로 구별해보며 직접 그리고, 그 기능을 정리하면서 학생들이 뇌의 구조와 기능을 쉽게 이해할 수 있도록 한다. 두 번째 활동인 말초 신경계 관련 12 뇌신경 아이콘 만들기 활동은 12 뇌신경 각각의 기능과 역할을 아이콘으로 표현하여 기능과 역할을 한 눈에 알아보기 쉽게 만들어 뇌신경 학습에 대한 흥미를 유발하고 이해를 돕고자 한다.

자신만의 뇌 차트 만들기와 뇌신경 아이콘 만들기 2가지 활동을 통해 중추·말초 신경계를 구분할 수 있게 되므로 학생들이 보다 이해하기 쉬운 계통으로 인식할 수 있다.

수업 지도안

단계	교수·학습활동	활동 자료 또는 유의점
도입	1. 동기 유발 - 이전 시간에 학습한 신경·감각계통의 구조와 기능 O, X 퀴즈 2. 학습 목표 제시 및 학습 과정 안내	· PPT 활용
전개	1. [강의] 중추·말초 신경계 설명 - 중추 신경계: 뇌와 척수의 구조와 기능 설명 - 말초 신경계: 뇌신경과 척수신경, 자율신경에 대한 설명	· PPT 활용
전개	2. [개별 활동1] 뇌 차트 만들기(중추 신경계) - 대뇌, 간뇌, 소뇌, 뇌간을 포함하여 뇌를 간단하게 표현해보기 [활동 안내] 1) 중추 신경계의 구성인 뇌와 척수에 대해 안내 2) 교과서 내용을 참고하여 대뇌, 간뇌, 소뇌, 뇌간에 대해 학습 3) 대뇌, 간뇌, 소뇌, 뇌간의 각각의 위치, 기능, 특성 등을 포함하여 내용을 구성하여 뇌 차트 만들기 3. [개별 활동2] 뇌신경 아이콘 만들기(말초 신경계) - 12 뇌신경을 한눈에 이해할 수 있는 나만의 아이콘 만들기 [활동 안내] 1) 신경계 사정 관련 영상 안내 2) 12 뇌신경의 기능 설명 3) 12 뇌신경을 한눈에 이해할 수 있는 나만의 아이콘 만들기	[활동 자료] · PPT 및 활동지 활용 [유의점] · 자료 조사를 위해 태블릿 또는 휴대폰 등을 준비한다.
전개	4. [평가] 뇌신경 아이콘 만들기 발표 및 평가하기 - 평가 방법: 교사 개인 평가 및 자기 성찰 평가	· 사전에 평가 계획을 안내한다.
정리	1. 중추·말초 신경계 내용 정리 2. 다음 차시 안내	

평가 계획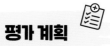

1 평가 개요

성취 기준	9)-나) 중추·말초 신경계				
평가 유형	☑ 의사소통형	☑ 학습확인형	☐ 포트폴리오형	☐ 실험실습형	☐ 기타:
평가 방법	☑ 자기 평가		☐ 동료 평가		☑ 교사 평가
평가 대상	☑ 개인		☐ 소그룹		☐ 학급 전체
평가 시기	☐ 도입		☐ 수업 중		☑ 수업 마무리

2 평가 세부 척도

▪ 자기 성찰 평가

평가활동	평가요소	평가기준	평가척도		
			상	중	하
뇌 차트 만들기	내용의 충실성	내용이 선정한 주제와 적합하고 구체적으로 제시함			
	표현력	학습 내용과 연관 지어 시각적으로 우수하게 표현함			
	완성도	결과물이 주제에 맞게 완성도가 높음			
뇌신경 아이콘 만들기	내용의 적절성	뇌신경의 특징을 살려 아이콘 형식에 맞게 제작함			
	표현의 창의성	뇌신경을 알아볼 수 있도록 시각적으로 참신하게 표현함			
	완성도	결과물이 주제에 맞게 완성도가 높음			

■ 교사 개인평가

활동	평가요소	평가기준	평가척도		
			우수	보통	미흡
뇌 차트 만들기	내용의 적절성	대뇌, 간뇌, 소뇌, 뇌간의 특징을 적절하게 추출하여 명확하게 잘 분석함	20	15	10
	표현의 창의성	주제에 맞게 뇌 차트가 한눈에 잘 보일 수 있도록 창의적으로 표현함	20	15	10
뇌신경 아이콘 만들기	내용의 충실성	12 뇌신경의 핵심내용을 적절하게 추출하여 시각적으로 잘 표현함	30	25	20
	표현의 창의성	주제에 맞게 뇌신경 아이콘을 참신하고 창의적으로 잘 표현함	20	15	10
발표	발표력	말의 속도, 크기, 시선 처리와 내용 전달이 정확함	10	9	8

3 세부능력 및 특기사항 기록 예시

성취기준에 따른 성취수준   수행 과정 및 결과   교사 총평

신경계 수업에서 뇌와 척수로 구성된 중추신경계와 뇌신경, 척수신경, 자율신경으로 구성된 말초신경계를 이해하고, 중추적인 감각과 운동을 담당하는 뇌신경 12쌍의 의미 및 기능에 대해 학습함. 뇌는 대뇌, 간뇌, 소뇌, 뇌간으로 구성되어 있으며, 각각의 구조와 기능에 대해 교과서와 인터넷 검색을 활용하여 자료를 조사함. 뇌 차트 만들기 활동에서 조사한 자료를 바탕으로 뇌의 주요 부분의 기능을 한눈에 알아보기 쉽도록 자료를 제작함. 뇌가 운동, 기억, 학습, 판단 등의 고차원적인 활동부터 각성, 항상성의 유지, 신체 대사의 조절 등 생존에 필요한 환경 유지를 담당하는 중요한 기관임을 인지함. 또한, 심한 손상이 있기 전까지 별다른 증상을 보이지 않기 때문에 주기적으로 뇌 상태를 점검할 필요가 있다는 의견을 함께 밝히며 수업에 의욕을 가지고 적극적으로 참여하는 학생임. 뇌신경 아이콘 만들기 활동에서 배운 내용을 바탕으로 뇌신경 12쌍의 핵심적인 요소를 다른 친구들이 이해하기 쉽게 특징을 살려 자신만의 뇌신경 아이콘을 완성함. 친구들 앞에서 뇌신경 아이콘의 의미를 재미있게 설명하여 큰 호응을 얻음. 뇌신경 아이콘 만들기 활동을 통해 뇌 신경계 변화를 파악할 수 있게 되었으며, 뇌 순환 문제 시 나타날 수 있는 증상에 대해 이해할 수 있게 되었다는 소감을 발표함. 매 수업이 진행될수록 학습에 대한 흥미가 높아지면서 새로운 개념을 학습할 때 배운 내용과 연관시켜 사고를 확장 해 나가는 태도가 인상적이며, 과제도 성실하게 수행하는 모습이 돋보임.

교육 활동 자료

영상 자료 | 신경계 사정(뇌신경)

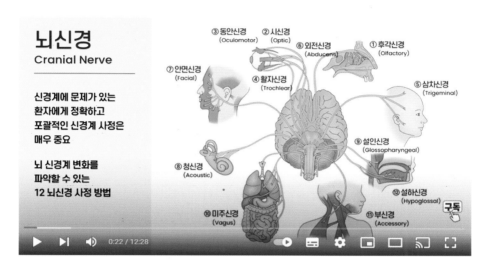

서울아산병원(2022), 신경계 사정 뇌신경 편
https://www.youtube.com/watch?v=_6kwQQBNjSM

청킹여왕(2021), 그림으로 뇌신경 쉽고 빠르게 외우는 방법
https://www.youtube.com/watch?v=53MimFxqqJg

고교학점제 in 보건간호과

인체구조와 기능
신경계

신경계

- 신체 내부, 외부에서 일어나는 자극을 받아들이고 적절하게 반응하는 데 필요한 계통
- 인체 기능의 소통과 조절, 통합을 주도하는 신경계

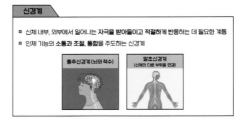

01. 신경계통의 구조

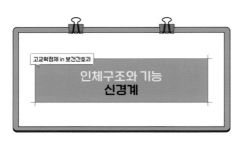

- 신경조직은 신경세포(뉴런)와 신경교세포
  - 신경세포: 수상돌기, 세포체, 축삭
  - 수초, 신경종말, 시냅스, 신경전달물질
  - 신경교세포: 신경세포 사이에서 이들을 보호·지지하는 결합조직과 같은 역할

02. 신경계통의 기능

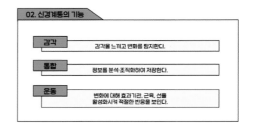

감각 — 감각을 느끼고 변화를 탐지한다.

통합 — 정보를 분석·조직화하여 저장한다.

운동 — 변화에 대해 효과기관, 근육, 선을 활성화시켜 적절한 반응을 보인다.

03. 중추신경계와 말초신경계

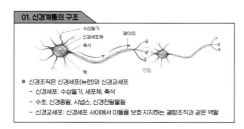

03- 활동1) 중추신경계-뇌 차트 만들기

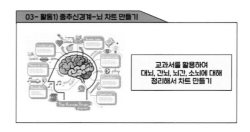

교과서를 활용하여 대뇌, 간뇌, 뇌간, 소뇌에 대해 정리해서 차트 만들기

03. 중추신경계-뇌

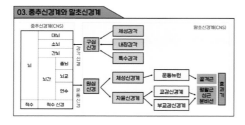

04. 말초신경계 – 체성신경계

- 체성신경계는 의식적인 활동을 담당하고, 뇌신경 12쌍과 척수신경 31쌍으로 이루어져 있다.

활동 2

뇌신경 12쌍 아이콘 만들기
: 말초신경계 뇌신경과 척수신경 중 뇌신경 12쌍을 이해하기 쉽게 나만의 아이콘을 만들어보자!

뇌신경 12쌍		
후신경	삼차신경	설인신경
시신경	외전신경	미주신경
동안신경	안면신경	부신경
활차신경	전정-와우신경	설하신경

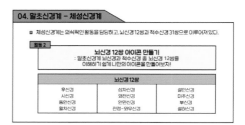

■ 참고 자료 출처

- 가키우치 요시유키 외 1인(2013), 인체구조 학습도감, 중앙에듀북스, 10~33
- 서울아산병원(2022), 신경계 사정 뇌신경 편, https://www.youtube.com/watch?v=_6kwQQBNjSM
- 우치갑 외 8인(2018), 수업이 즐거운 교육과정-수업-평가-기록의 일체화, 테크빌교육, 216~217
- 임난영 외 2인(2011), 건강사정, 수문사, 936~947
- 청킹여왕(2021), 그림으로 뇌신경 쉽고 빠르게 외우는 방법, https://www.youtube.com/watch?v=53MimFxqqJg
- Etsuro TANAKA(2021), 처음 배우는 인체구조와 기능, 북앤에듀, 262~264, 271~279

MEMO

06 인체 지식 여행 (수행평가 추천 활동)

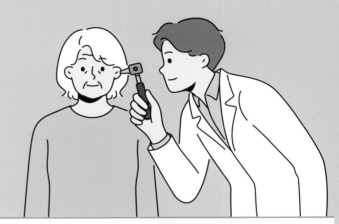

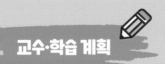
교수·학습 계획

수업방법	강의식, 프로젝트 학습	운영 형태	on/off
대단원	Ⅰ. 인체구조와 기능의 개요	예상 차시	2~3차시
중단원	1. 인체의 주요 구조		
준비물	자료 조사용 태블릿 PC 또는 노트북, 참고 도서, 활동지		
성취기준	1)-가) 인체의 주요 구조 1)-나) 인체의 주요 기능		
학습목표	· 인체의 주요 구조와 기능, 생리적인 현상을 과학적 기전과 비교하여 설명할 수 있고, 인체 용어를 이해하고 설명할 수 있다. · 인체를 구성하고 있는 세포, 조직, 기관, 계통을 구분하여 이해하고, 생리적인 현상을 과학적 기전과 비교하여 설명할 수 있다.		

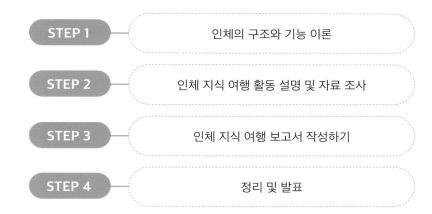

수업 흐름도

STEP 1	인체의 구조와 기능 이론
STEP 2	인체 지식 여행 활동 설명 및 자료 조사
STEP 3	인체 지식 여행 보고서 작성하기
STEP 4	정리 및 발표

　인체의 주요 구조와 기능, 생리적인 현상을 과학적 기전과 비교하여 설명할 수 있고, 인체 용어를 이해하고 설명할 수 있도록 수업을 구성한다. 인체 지식 여행은 개별 활동이나 모둠별 활동 모두 교사 재량으로 진행할 수 있지만, 이번에는 개인별 수행평가로 진행한 내용을 담아 보고자 한다.

　학생들이 인체구조와 기능의 교과서 내용을 참고하여 본인의 관심사에 따라 주제를 선정하고, 활동 안내와 평가기준에 따라 보고서를 작성한 후 개인별 결과물을 발표하도록 구성한다. 특히 개인별로 진행하는 인체 지식 여행은 수행평가 진행 후 개별적으로 세분화된 교과별 세부능력 및 특기사항을 기재할 수 있어 수행평가로 진행하기를 추천하는 활동이다. 수행평가가 아니더라도 차시 처음이나 마지막에 구성하여 학생들의 흥미를 유발하거나 정리하는 느낌의 활동으로 진행할 수 있다.

수업 지도안

단계	교수·학습활동	활동 자료 또는 유의점
도입	1. 동기 유발 - 인체의 신비에 대해 하브루타 형식으로 제시 2. 학습 목표 제시 및 학습 과정 안내	
전개	1. [강의] 인체구조와 기능 정의 - 세포-조직-기관-계통으로 구성되는 인체구조 설명 - 계통별로 장기의 위치와 기능 설명	· PPT 활용
전개	2. [개별 활동] 인체 지식 여행 보고서 작성 활동 - 인체 지식 여행 보고서 작성 활동 안내 [활동 안내] 1) 인체 지식 여행 보고서 활동 순서 안내 : 주제 설정, 자료 조사, 보고서 구성 및 제출 방법 안내 2) 보고서 활동지 작성 방법 및 주제탐구 : 탐구주제, 선정동기, 탐구 방법, 결론 3) 태블릿 PC 또는 노트북, 참고 도서 등을 활용하여 자료 조사 및 활동지 작성하기 - 학생들 참고용으로 인체 지식 여행 보고서 우수 사례를 칠판에 게시하기 4) 발표 분량(5분 이내) 및 평가항목 안내	[활동 자료] · 자료 조사를 위한 태블릿 PC 또는 노트북, 참고 도서 · 활동지 [유의점] · 원격수업의 경우, 모둠 활 동을 교사가 실시간으로 확인하여 피드백 제공
전개	3. [평가] 인체 지식 여행 발표 및 평가하기 - 평가 방법: 동료 평가 및 교사 평가	
정리	1. 인체 지식 여행 정리 2. 다음 차시 안내	

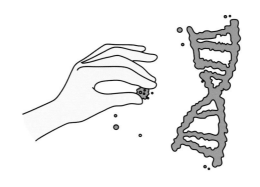

평가 계획

1 평가 개요

성취 기준	1)-가) 인체의 주요 구조 1)-나) 인체의 주요 기능
평가 유형	☐ 의사소통형　　☐ 학습확인형　　☑ 포트폴리오형　　☐ 실험실습형　　☐ 기타:
평가 방법	☑ 자기 평가　　　　☐ 동료 평가　　　　　　　☑ 교사 평가
평가 대상	☑ 개인　　　　　　☐ 소그룹　　　　　　　　☐ 학급 전체
평가 시기	☐ 도입　　　　　　☑ 수업 중　　　　　　　☐ 수업 마무리

2 평가 세부 척도

- 자기 성찰 평가 (인체 지식 여행)

평가활동	평가기준	평가척도		
		상	중	하
참여도	진정성 있는 태도로 과제 수행에 참여함			
내용의 충실성	선정한 주제와 적합하고 내용이 구체적이며 결과물의 완성도가 높음			
발표력	발표 시간이 적절하고 내용 전달력이 우수함			

- 교사 개인 평가 및 동료 평가 (인체 지식 여행)

주제 탐구 보고서 (100점)	인용 방법 (10점)	상	인용 방법 활동지를 빠짐없이 작성하여 기한 내 제출함	10	
		중	인용 방법 활동지를 일부 누락하여 작성하여 기한 내 제출함	7	
		하	인용 방법 활동지를 대부분 누락하여 작성하여 기한 내 제출함	1	
		· 기한 내 미제출 시 0점으로 처리함			
	계획하기 (10점)	상	계획하기 활동지를 빠짐없이 작성하여 기한 내 제출함	10	
		중	계획하기 활동지를 일부 누락하여 작성하여 기한 내 제출함	7	
		하	계획하기 활동지를 대부분 누락하여 작성하여 기한 내 제출함	1	
		· 기한 내 미제출 시 0점으로 처리함			

주제 탐구 보고서 (100점)	내용 생성하기 (10점)	상	내용 생성하기 활동지를 빠짐없이 작성하여 기한 내 제출함	10		
		중	내용 생성하기 활동지를 일부 누락하여 작성하여 기한 내 제출함	7		
		하	내용 생성하기 활동지를 대부분 누락하여 작성하여 기한 내 제출함	1		
		• 기한 내 미제출 시 0점으로 처리함				
	내용 조직하기 (10점)	상	내용 조직하기 활동지를 빠짐없이 작성하여 기한 내 제출함	10		
		중	내용 조직하기 활동지를 일부 누락하여 작성하여 기한 내 제출함	7		
		하	내용 조직하기 활동지를 대부분 누락하여 작성하여 기한 내 제출함	1		
		• 기한 내 미제출 시 0점으로 처리함				
	주제탐구 보고서 (50점)	내용	논문을 바탕으로 관심사와 연관 지어 적절한 주제를 도출하였는가	10	5	3
			주장이나 의견의 근거가 타당하고 적절한가	7	4	2
			자신의 의견과 감상이 충분히 드러나는가	7	4	2
		형식	주제를 중심으로 글의 요소가 긴밀하게 연결되어 있는가	10	5	3
			글의 구성이 짜임새 있고 흐름이 자연스러운가	10	5	3
		표현	맞춤법, 띄어쓰기, 문장 호응이 맞는가	3	2	1
			제목, 소제목을 적절하게 붙였는가	3	2	1
		• 기한 내 작성하지 못하거나 분량 및 형식을 준수하지 않을 경우 0점으로 처리함				
	동료 평가 (10점)	상	보고서의 내용·형식·표현에 대해 적절히 근거를 들어 평가함	10		
		중	보고서의 내용·형식·표현에 대해 부족한 근거를 들어 평가함	7		
		하	보고서의 내용·형식·표현에 대해 근거를 들지 못함	1		
		• 기한 내 미제출 시 0점으로 처리함				

인체의 주요 구조와 기능, 생리적인 현상을 과학적 기전과 비교하여 설명할 수 있고 인체 용어를 이해하고 설명할 수 있음. 인체 지식 여행 활동으로 내분비계의 호르몬 분비 기전을 선정하여 열의 넘치는 모습으로 탐구함. 췌장의 인슐린과 글루카곤 분비기전을 이해하고 당뇨병의 병태생리과정과 치료법에 대해 과제 수행함. 특히, 새벽현상과 소모기현상을 조사하여 그림을 그리며 설명하는 모습이 인상 깊음. 부신피질호르몬인 코티솔, 알도스테론, 안드로겐의 호르몬별 기능을 이해하고 호르몬 과다, 과소 분비에 따른 질병을 분류하여 설명함. 코티솔과 멜라토닌의 낮과 밤의 분비량에 따른 인체의 변화에 대해 탐구하며, 호르몬의 변화를 주제로 신뢰도 높은 도표 자료를 제시하며 수준 높은 보고서를 제출함. 인체에서 일어나는 크고 작은 생리활동에 대해 배우고자 하는 열의가 뛰어나며, 매 시간마다 교과서와 활동지가 가득 찰 정도로 열심히 수업에 참여하고 심도 있는 질문을 던지는 기특한 학생으로 장차 훌륭한 의료인으로 성장할 모습이 기대됨.

인체를 구성하고 있는 세포, 조직, 기관, 계통을 구분하여 이해하고 생리적인 현상을 과학적 기전과 비교하여 설명할 수 있음. 인체 지식 여행 활동으로 심혈관계의 혈액응고과정과 태아적아구증의 생리적 기전을 선정하여 다음과 같이 열의 넘치는 모습으로 탐구함. 혈액응고과정에서 혈구, 혈소판, 혈장별로 기전을 이해하고, 특히 피브리노겐과 프로트롬빈의 작용을 통해 피브린이 혈액 응고하는 과정을 정확히 이해하여 과제를 수행함. 혈액응고장애 중 하나인 혈우병의 특징적인 증상과 치료법을 이해하기 위해 여러 번 복습하고 질문하는 모습에서 열정적인 학업태도를 엿볼 수 있음. 더 나아가 태아적아구증의 항원-항체반응을 주제로 Ig 종류와 rho GAM 주사 치료법까지 연결 지어 확장시킴으로써 우수한 결과물을 제출함. 한 사람을 살리기 위해 많은 양의 지식을 알아야 한다는 점에서 의료인에 대한 존경심을 표현하며, 실력과 인성을 겸비한 의료인이 되고자 함. 수업마다 활발한 참여도와 집중도를 보여주는 학생으로 생명의료분야에 대한 폭넓은 지식이 인상적임.

교육 활동 자료

읽기 자료 | 인체의 신비 / 말풍선 형식의 일러스트

Q. 모세혈관은 얼마나 가느다랄까?

A. 모세혈관은 미세한 동맥인 세동맥과 미세한 정맥인 세정맥 사이를 연결하는 가느다란 혈관이다. 모세혈관은 벽이 얇아서 산소와 이산화탄소의 교환이 쉽게 일어난다. 모세혈관은 뼈와 피부 등 몸 구석구석까지 갈 수 있을 정도로 가늘며, 적혈구가 간신히 지나다닐 수 있을 만큼만 굵다. 적혈구의 모양이 바뀌어야만 통과할 수 있는 모세혈관도 있다.

사람의 머리카락 / 0.08밀리미터

모세혈관 / 0.008밀리미터

Q. 우리 몸에서 가장 작은 뼈는?

A. 정답은 등자뼈 중 종자뼈(Sesamoid bone)이다. 중이에 있는 등자뼈는 정식 명칭이 있는 뼈 중에 가장 작다. 또한 긴 힘줄에서 압박이 가해지는 부위에 작은 종자뼈들이 있는데, 이 뼈는 힘줄이 닳아 없어지지 않게 막아준다. 종자뼈는 모양이 참깨 씨앗을 닮아서 이러한 명칭이 붙었다.

실물 크기

귓속뼈 중 등자뼈(STAPES)

교육 활동 자료

읽기 자료 ㅣ 인체의 신비 / 말풍선 형식의 일러스트

Q. 가장 많이 배우는 나이는 언제일까?

A. 아동기에는 인지 능력, 운동 능력, 언어 능력이 일취월장한다. 2세 때는 보통 1주일에 10~20개의 단어를 배우는 것으로 되어 있다. 참고로 기억이 희미해질 때쯤 그것을 되새기면 기억력이 상승된다. 작은 크기의 정보를 자주 복습하는 것이 기억하는 데 가장 유리하다고 한다.

시험을 잘 보기 위한 꿀팁

기억이 희미해지기 시작할 때 그것을 되새기면 되새길 때마다 기억력이 상승한다. 이런 행위를 통해 습득한 정보가 사라지지 않고 우리의 장기기억에 확실히 남아 있게 된다. 작은 크기의 정보를 자주 복습하는 것이 기억하는 데 가장 유리하다. 시험이나 발표를 급하게 준비할 때는 많은 정보를 단숨에 받아들이지만 이것들을 다시 되새기지 못하므로 놓쳐 버리게 된다. 벼락치기 공부가 단기기억 외에는 사용될 수 없는 이유가 바로 이 때문이다.

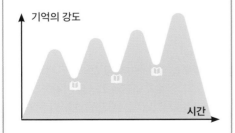

Q. 지문은 정말 사람마다 다른가요?

A. 손가락마다 있는 물결처럼 생긴 제상문, 아치처럼 생긴 궁상문, 소용돌이처럼 생긴 와상문은 사람마다 다르고, 손상을 입은 뒤에도 똑같은 형태로 재생되기 때문에 경찰의 과학수사에 도움이 된다.

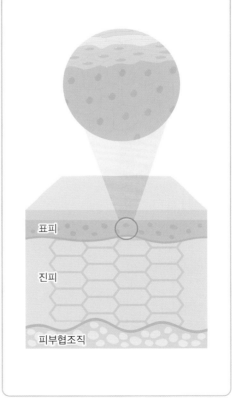

*출처: DK 인체원리 편집 위원회(2017), 인체 원리(인포그래픽 인체팩트 가이드), 사이언스북스

인체구조 학습도감

그림으로 쉽게 이해하는 몸의 구조 『인체구조 학습 도감』. 인체의 구조와 움직임, 병의 원인과 증상을 컬러 일러스트로 배울 수 있는 책이다. 인체구조를 뇌와 신경, 골격과 근육, 순환기와 혈액, 호흡기, 감각기, 소화기, 비뇨기, 생식기, 세포와 유전자 등 아홉 개의 장으로 나누어 자세히 설명하고 있다. 또한, 면역 시스템과 유전 구조, 각 부분의 움직임, 각 기관의 주요 병의 원인과 증상에 대해서도 해설한다.

인체 원리

『인체 원리』는 생명을 이루는 시스템을 분석하며 시작한다. 기능적 최소 단위인 세포는 어떤 구조를 이루고 있으며 유전자는 어떤 역할을 하는지, 나아가 인체를 구성하는 뼈와 근육, 혈관과 피부가 어떻게 각 신체 장기들과 연결되는지도 보여준다. 복잡한 인체 해부도를 깔끔하게 변모시킨 이 책의 인포그래픽은 다른 모든 인체 관련 도서들과 비교하더라도 『인체 원리』를 돋보이게끔 한다. 간결하고 감각적인 이미지 덕분에 독자들은 우리 몸 안에서 벌어지는 모든 작용들에 한층 체계적이고 흥미롭게 접근할 수 있다.

인체 완전판

몸의 모든 것을 담은 인체 대백과사전 『인체 완전판』. 해부학에서 심리학까지, 발달에서 질병까지, 탄생에서 죽음까지 모든 인체 정보를 3차원 일러스트레이션과 과학 사진 속에 담아낸 책이다. 세포의 발생과 인류의 기원에서부터 시작되는 인체의 구조를 자세하게 해부하며 엑스선, 컴퓨터 단층 촬영(CT), 자기 공명 영상(MRI), 전자 현미경 등으로 뼈와 근육, 신경 구조를 완벽하게 담아낸 최신 의학 영상들을 통해 인간의 몸이 가진 독특함을 본격적으로 보여준다.

인체 구조 교과서

『인체 구조 교과서』는 의과대학에서 수십 년간 해부학을 강의해온 저자가 일반인을 위한 해부학 지식을 모아 정리한 책이다. 인체의 구조와 기능을 파악하고, 그에 맞게 대처하면 누구라도 건강하게 살 수 있다는 저자의 메시지가 담겼다. 각 장기와 부위를 160장이 넘는 일러스트와 친절한 설명으로 정리했다.

해부학 공부 추천 앱

[유료] Essential Anatomy

저자가 보기에는 해부학 앱 중 단연 추천하고 싶은 앱 1위이다. 사진 상으로는 한계가 있는 뼈의 오목이나 융기와 같은 부분도 입체적인 3D로 살펴볼 수 있어 학생들의 이해를 쉽게 높일 수 있고, 사용하기 편리하게 구성되어 있다.

근육이 표층부터 심층까지 겹겹이 쌓여져 올라가는 모습을 볼 수 있고 주변 구조물인 혈관이나 신경의 위치, 관계를 쉽게 파악할 수 있다. 또한, 선택한 장기나 구조물의 영어 발음과 필기, 정보 확인 기능을 제공하여 부가적인 시간을 획기적으로 단축시켜준다.

[유료] Human Anatomy Atlas

뼈와 근육, 장기, 신경 등의 위치들을 3D로 볼 수 있으며, 카메라를 활용해 AR로도 생생하게 볼 수 있다는 장점이 있다. 동맥이나 정맥, 림프계만 따로 볼 수 있으며, 개괄적인 큰 틀로 장기를 살펴보기에 적합한 앱이다. 하나하나의 신경이나 혈관으로 들어가서 살펴보면 간혹 오류가 있기도 하다.

1~2분 내외의 미디어 영상 자료를 통해 심장박동 원리나 호흡 시 분압과 횡격막의 작용 등의 움직임을 볼 수 있다. 다만 아직까지 한국어 지원이 되지 않아 의학 용어로 공부해야 한다는 단점이 존재한다.

■ 참고 자료 출처
 - DK 인체원리 편집 위원회(2017), 인체원리, 사이언스북스
 - 야마다 코지(2016), 간호대학생을 위한 쉬운 일러스트 해부생리학 인체의 신비 Q&A 1,2, 군자출판사

CHAPTER 5

보건간호

01 폐기물 환경 프로젝트

교수·학습 계획

수업방법	강의식, 프로젝트 학습, 실습	운영 형태	off
대단원	Ⅰ. 환경보건	예상 차시	3~4차시
중단원	7. 폐기물과 건강		
준비물	PPT, 색지, 사인펜, 색연필, 오호 물병 제작 키트		
성취기준	1)-사) 폐기물과 건강		
학습목표	· 폐기물의 종류를 분류하고 폐기물 처리 방법의 장단점을 비교할 수 있다. · 폐기물이 인체에 미치는 영향을 이해할 수 있다.		

수업 흐름도

STEP 1	환경 문제 인지하기
STEP 2	폐기물로 인한 문제 마인드맵 작성하기
STEP 3	오호 물병 만들기
STEP 4	정리 및 마무리

　대기오염, 수질오염, 기후 변화 등 환경 문제는 인간 생존과 직결된 문제로서 주요 이슈가 되었으며, 지속 가능한 발전과 지구 생태계의 균형을 위해서는 모두가 적극적으로 대처해야 하므로 환경 문제를 프로젝트 수업으로 구성하였다.

　도입부는 학생들이 환경 문제에 관심을 가질 수 있도록 가상의 사건을 구성하여 환경 문제가 건강 문제로 직결된다는 점을 인식하게 한다. 첫번째 활동으로 폐기물로 인한 문제와 폐기물이 인체에 미치는 영향을 한눈에 보기 쉽게 교과서를 참고하여 마인드맵으로 제작한다. 두 번째 활동으로 일회용 쓰레기의 증가로 인해 환경오염이 가속화되고 있음을 인지하고, 올바른 분리수거 방법을 포스터, 4컷 만화, 리플렛, 팸플릿 등 다양한 방식으로 제작하여 각 학급에 배포하고 쓰레기통 앞에 게시한다. 마지막 활동으로 대량의 일회용 플라스틱이 무분별하게 버려지는 문제를 떠올리며 플라스틱의 대체제인 친환경 제품 '오호 물병'을 직접 만들어본다. 오호 물병 만들기 활동 외에도 학생들이 제작할 수 있는 친환경 물품으로 '샴푸바 만들기' 활동을 같이 진행할 수 있다.

　학생들이 직접 환경 문제를 생각해보고, 적극적 차원의 환경 보호를 위한 인식 전환의 계기를 제공하는 방향으로 수업을 구성하였다.

단계	교수·학습활동	활동 자료 또는 유의점
도입	1. 동기 유발 - 환경 문제와 관련하여 가상의 사망 진단서를 비교 - 기사 제목 작성하기 2. 학습 목표 제시 및 학습 과정 안내	[활동 자료] · PPT 활용 [유의점] · 사망 원인이 '환경 쓰레기로 인한 문제'임을 인식할 수 있어야 한다.
전개	1. [모둠 활동] 폐기물로 인한 문제 마인드맵 작성 - 폐기물이 인체에 미치는 영향 이해하기 - 폐기물로 인한 문제 마인드맵 작성하기	· 폐기물로 인한 문제 중 인체에 미치는 영향을 반드시 생각하고 넘어갈 수 있도록 한다.
	2. [모둠 활동] 재활용 가이드 만들기 - 환경부의 분리배출 재활용 가이드를 참고하여 다양한 방식으로 재활용 가이드 제작하기 [활동 안내] 1) 4인 1모둠 구성하기 2) 환경부 '분리배출 재활용 가이드' 읽어보기 3) 관심이 가거나 사람들이 잘 모르는 재활용 방법 선정하기 4) 카드뉴스, 포스터, 4컷 만화, 리플렛, 팸플릿 등 다양한 방식으로 한눈에 보기 쉬운 '재활용 가이드' 제작하기 - 모둠별로 제작한 재활용 가이드 발표하기	· 활동지, 색지, 사인펜, 색연필 · 환경부의 분리배출 재활용 가이드 책자
	3. [실험] 플라스틱 없는 '오호 물병' 만들기 - 폐기물로 인한 환경오염의 문제 인식 - 플라스틱을 대체할 수 있는 오호 물병 만들기 - 완성된 오호 물병 전시하기	· 오호 물병 제작 키트
	4. [평가] 평가하기 - 평가 방법: 자기 성찰 평가, 모둠별 평가	· 평가항목 사전 안내
정리	1. 폐기물이 건강에 미치는 영향 내용 정리 2. 다음 차시 안내	

평가 계획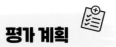

1 평가 개요

성취 기준	1)-사) 폐기물과 건강
평가 유형	☐ 의사소통형　☑ 학습확인형　☐ 포트폴리오형　☐ 실험실습형　☐ 기타:
평가 방법	☑ 자기 평가　☐ 동료 평가　☑ 교사 평가
평가 대상	☑ 개인　☑ 소그룹　☐ 학급 전체
평가 시기	☐ 도입　☑ 수업 중　☑ 수업 마무리

2 평가 세부 척도

▪ 교사 모둠 평가 (재활용 가이드 제작)

평가요소	평가기준	배점	모둠1	모둠2	모둠3	모둠4
주제의 적절성	수업과 관련된 적합한 주제로 내용을 구성함	20				
내용의 충실성	선정한 주제와 적합하고, 내용이 구체적이며 결과물의 완성도가 높음	20				
표현의 창의성	전체적으로 조화롭게 시각적으로 표현함	20				
역할 및 소통	자신의 역할을 충실히 수행하며, 조원 간 서로 협력하며 의견을 나눔	20				
발표	발표에 적극적으로 참여하고, 다른 모둠 발표 시 집중하여 경청함	20				
합계		100				

■ 자기 성찰 평가(오호 물병 만들기)

평가요소	평가기준					평가항목
내용의 이해도	1	2	3	4	5	오호 물병의 구성 성분, 오호 물병이 플라스틱 대체제로 사용될 수 있음을 이해함
참여도	1	2	3	4	5	제작 방법과 순서에 맞게 오호 물병을 제작함
수업을 통해 새롭게 배운 것						
수업 중 아쉬웠던 것						
가장 기억에 남는 것						

3 세부능력 및 특기사항 기록 예시

성취기준에 따른 성취수준   수행 과정 및 결과   교사 총평

폐기물이 인체에 미치는 영향에 대해 조사하고 마인드맵으로 제작하여 전시함. 공기, 수질, 음식물의 오염을 분류한 후 인체에게 미치는 영향을 한눈에 시각화하여 나타내 주변 친구들의 호응을 얻음. 환경에 관심이 많은 학생으로 일회용 쓰레기의 증가로 인해 환경오염이 가속화되고 있음을 인지하고, 재활용품의 적극적 재사용을 통해 환경 문제를 개선해야 함을 주장함. 이를 위해 올바른 분리수거 방법을 포스터로 제작하여 각 학급에 배포하고 쓰레기통 앞에 게시할 수 있도록 독려함. 코로나19로 인해 플라스틱 폐기물이 증가하여 토양오염과 수질오염이 발생하고 있음을 떠올리며, 식용 가능한 소재인 오호를 활용한 용기의 필요성을 인식함. 오호의 알긴산은 해조류에서 나오는 성분으로, 해조류를 가공할 때 미끈거리는 점액을 이용하여 직접 물병을 제작함. 오호 물병을 만들어 전시하며 환경을 보호하기 위한 개인의 실천뿐 아니라 사회적 정책 및 제도적 장치가 필요함을 주장함. 평소 환경 문제에 관심이 많아 환경을 보호할 수 있는 다양한 방법들을 끊임없이 고민하고 제시하는 적극적인 모습을 보이며, 긍정적인 수업 분위기 형성에 도움을 주는 학생으로 교사에게 큰 힘이 되어줌.

교육 활동 자료

영상 자료 | 플라스틱 방앗간

스브스뉴스(2020), 서울 한복판에 등장한 수상한 방앗간. 플라스틱까지 빻아버린다고?
https://www.youtube.com/watch?v=X2i9oZ5na3k

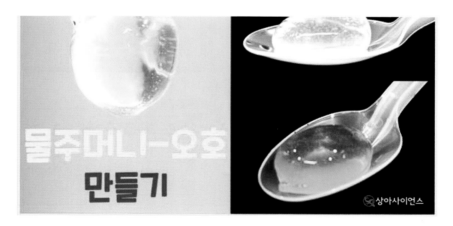

상아사이언스(2022), 물주머니(오호) 만들기
https://www.youtube.com/watch?v=XsdnOozwAzE

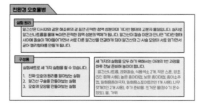

활동 결과물

활동 사진

■ 참고 자료 출처

- 상아사이언스(2022), [과학실험 제작] 물주머니(오호) 만들기, https://www.youtube.com/watch?v=XsdnOozwAzE
- 스브스뉴스(2020), 서울 한복판에 등장한 수상한 방앗간. 플라스틱까지 빻아버린다고?, https://www.youtube.com/watch?v=X2i9oZ5na3k
- 우치갑 외 8인(2018), 수업이 즐거운 교육과정-수업-평가-기록의 일체화, 테크빌교육, 216~217
- 재미교육연구소(2022), 지구를 살리는 프로젝트 수업, 상상채널
- 커다란 오호 만들기 구매처, http://item.gmarket.co.kr/Item?goodscode=2380831751
- 환경부, 재활용품 분리배출 가이드라인(2020), https://www.keep.go.kr/portal/141?action=read&action-value=a7d2cf8d4f8797c7049acbbc27f4c54e

02 보이는 환경 라디오

교수·학습 계획

수업방법	강의식, 프로젝트 학습	운영 형태	on/off
대단원	Ⅰ. 환경보건	예상 차시	3차시
중단원	2. 기후와 건강 3. 공기와 건강 4. 물과 건강		
준비물	원격수업 도구(마이크와 웹캠 사용이 가능한 PC), 활동지, PPT		
성취기준	1)-나) 기후와 건강 1)-다) 공기와 건강 1)-라) 물과 건강		
학습목표	· 기상 변화와 생태계 변화 등의 문제를 분석하고 예방 대책을 탐색하여 적용할 수 있다. · 대기오염 및 수질오염의 예방 대책과 관리 방법을 실천할 수 있다.		

수업 흐름도

STEP 1	환경보건 이론 설명
STEP 2	환경오염 자료 조사 활동
STEP 3	보이는 환경 라디오 대본 작성 활동
STEP 4	보이는 환경 라디오 발표 및 마무리 활동

　본 수업은 지구온난화의 가속화로 인한 기상 변화, 대기오염, 수질오염과 같은 환경오염에 대하여 경각심을 심어주고, 학생들이 스스로 예방 대책을 찾을 수 있는 활동으로 구성하였다.

　교사는 기후, 공기, 물에 대한 이론 내용을 가르치고, 2인 1조로 짝을 구성하여 '보이는 환경 라디오 대본 작성' 활동을 진행한다. 학생들은 자신이 관심 있는 환경오염 주제 1가지를 선정하여 보이는 라디오 대본을 작성하고, 라디오 DJ가 되어 발표를 통해 다른 학생들에게 환경 정보를 제공한다. 자신이 속한 모둠의 환경오염 주제와 다른 모둠의 주제가 다르기 때문에 발표를 들으면서 다양한 환경 주제를 접할 수 있다.

　환경은 우리의 생활과도 밀접하게 관련되어 있으므로 해당 활동은 수업에서 그치지 않고 학급 활동으로 다른 환경 프로젝트와 접목하여 활용할 수 있다. 본 수업을 온라인 원격수업으로 진행하는 경우, 모둠별로 구글 문서를 활용하여 공동 작업을 하게 한다. 온라인 수업의 특성상 인터넷 자료 조사가 용이하기 때문에 온라인 플랫폼을 활용하는 것을 추천한다. 또한, 원격수업으로 진행하는 경우 구글 문서 공동 작업을 교사가 실시간으로 확인하여 피드백을 제공할 수 있다는 장점이 있다.

단계	교수·학습활동	활동 자료 또는 유의점
도입	**1. 동기 유발** - 보이는 환경 라디오 예시 영상을 보여주어 환경 문제의 심각성을 알려주고, 수업 활동에 대한 흥미를 유발한다. **2. 학습 목표 제시 및 학습 과정 안내**	· 영상 활용
전개	**1. [강의] 환경보건 이론 강의** - 기후와 건강 - 공기와 건강 - 물과 건강	· PPT 활용
	2. [짝 활동] 보이는 환경 라디오 활동 - 짝 구성(2인 1조) 및 짝 활동 안내 [활동 안내] 1) 평가 항목 안내 2) 환경오염 조사: 기후 변화, 대기오염, 수질오염 등 관심 있는 환경오염에 대해 조사한 후 활동지 작성하기 3) 보이는 라디오 대본 작성: 라디오 DJ가 되어 실제 라디오를 하는 느낌으로 5분 이내 분량의 대본 작성하기 4) 보이는 라디오 발표 및 평가: 짝과 적절히 분량을 배분하여 라디오 대본을 발표하고, 한 모둠의 발표가 끝나면 모둠 간 동료 평가하기 - 환경오염 주제 조사 및 보이는 라디오 활동 진행	[활동 자료] · 활동지 활용 [유의점] · 원격수업인 경우, 모둠 활동 상황을 교사가 실시간으로 확인하여 피드백 제공
	3. 모둠별 발표 및 평가하기 - 평가 방법: 자기 성찰 평가 및 모둠 간 동료 평가	[활동 자료] · 평가지 활용 [유의점] · 자기 성찰 평가는 모든 모둠의 발표가 끝난 후 진행한다.
정리	**1. 환경보건 학습 내용 정리** **2. 다음 차시 안내**	

평가 계획

1 평가 개요

성취 기준	1)-나) 기후와 건강 1)-다) 공기와 건강 1)-라) 물과 건강			
평가 유형	☐ 의사소통형	☐ 학습확인형	☑ 포트폴리오형	☐ 실험실습형	☐ 기타:
평가 방법	☑ 자기 평가	☑ 동료 평가	☐ 교사 평가	
평가 대상	☑ 개인	☑ 소그룹	☐ 학급 전체	
평가 시기	☐ 도입	☑ 수업 중	☐ 수업 마무리	

2 평가 세부 척도

▪ 자기 성찰 평가

자기 성찰 평가지		
주제의 적절성	☆ ☆ ☆ ☆ ☆	환경오염과 관련된 적합한 주제를 선정함
내용의 충실성	☆ ☆ ☆ ☆ ☆	내용이 선정한 주제와 적합하고 구체적이며 결과물의 완성도가 높음
역할 및 소통	☆ ☆ ☆ ☆ ☆	자신의 역할을 충실히 수행하고, 모둠원간 서로 협력하며 의견을 나눔
발표력	☆ ☆ ☆ ☆ ☆	발표에 짝과 함께 참여하고 설득력 있게 발표하여 호응을 얻음
경청	☆ ☆ ☆ ☆ ☆	다른 모둠원이 발표할 때 집중하여 경청함
보이는 라디오 활동을 통해서 좋았던 점, 힘들었던 점, 아쉬웠던 점		

- 모둠 간 평가(모둠별로 제시)

[				]모둠	
1	모둠원	주제선정	☆ ☆ ☆ ☆ ☆	주제	
		내용구성	☆ ☆ ☆ ☆ ☆	인상 깊은 점, 새로 알게된 점 (최소 2줄)	
		발표력	☆ ☆ ☆ ☆ ☆		
2	모둠원	주제선정	☆ ☆ ☆ ☆ ☆	주제	
		내용구성	☆ ☆ ☆ ☆ ☆	인상 깊은 점, 새로 알게된 점 (최소 2줄)	
		발표력	☆ ☆ ☆ ☆ ☆		

3 세부능력 및 특기사항 기록 예시

■ 성취기준에 따른 성취수준 ■ 수행 과정 및 결과 ■ 교사 총평

　지구온난화로 발생하는 문제를 학습한 뒤 지구온난화 예방 방안으로 온실가스 감축을 위한 효율적인 에너지 사용 방법 및 신재생 에너지원에 관해 추가로 조사하여 스스로 조사 내용을 정리함. 보이는 환경 라디오 활동에서 육식에 대한 주제를 선정하여 동물권과 환경의 관점에서 관련 자료를 조사함. 육식의 환경 파괴 영향을 알고 지속 가능한 식생활을 위한 노력이 필요하다고 발표함. 또한 생활 전반에서 동물을 배려하고자 환경 보호와 동물 보호를 위해 스스로 채식의 날을 정하여 노력하는 모습을 보임. 수업마다 궁금한 내용은 스스로 탐구하는 열정적인 학생이며, 모둠 활동에서는 적극적인 상호작용을 통해 수준 높은 결과물을 산출하는 기특한 학생임.

교육 활동 자료

영상 자료 ㅣ 환경 라디오 예시 영상

KBS 1라디오(2021), [대한민국 환경 1교시] 1편 - 지구는 우리가 지켜요! | KBS 210601 방송
https://youtu.be/QuV1WRsBOCg

KBS 1라디오(2021), [대한민국 환경 2교시] 2편 - 기후미식회 | KBS 210602 방송
https://youtu.be/Jcq-jUyPsnE

환경 관련 그림책

📖 플라스틱 인간

"플라스틱 시대를 살아가는 우리들에게"

석기, 청동기, 철기 시대 이후 플라스틱 시대라 할 정도로 플라스틱의 등장은 인간의 삶을 크게 바꾸어 놓았다. 값싸고 가볍고, 쉽게 깨지지도 않아 각광받은 플라스틱은 각종 생활용품부터 의료 기구까지 쓰이지 않는 곳이 없다.

그런데 20세기 최고의 발명품이라 불렸던 플라스틱이 이제는 인류 최대의 골칫거리가 되었다. 더는 플라스틱 쓰레기를 매립할 곳도 없고, 바다에는 플랑크톤보다 미세 플라스틱이 더 많은 지경에 이르렀다. 미세 플라스틱은 남극에 내리는 눈에서도, 인간의 폐와 혈액에서도 발견되었다.

'인간의 몸속에 미세 플라스틱이 계속 쌓이면 어떻게 될까?' 이 작은 씨앗에서 탄생한『플라스틱 인간』. 이 책은 플라스틱 시대를 살아가는 우리에게 짧지만 강한 메시지를 전한다.

📖 고래를 삼킨 바다 쓰레기

"바다 쓰레기에 대한 원인부터 해결까지 총망라!"

우리나라에서 발생하는 바다 쓰레기는 연간 15만 톤 규모이지만, 이 중 수거되는 양은 절반에 그치고 있다. 특히 바다 쓰레기의 80% 이상은 플라스틱이 차지하는데, 잘 수거되지 않다 보니 잘게 쪼개져서 미세 플라스틱으로 변하고 있다. 정부에서는 2030년까지 플라스틱 쓰레기 절반으로 줄이기 및 수거 운동이 전개될 예정이다.

이 책은 바다 쓰레기가 어떻게 생태계를 황폐화시키는지, 우리 인간에게 어떻게 위협이 되는지, 또 쓰레기를 줄이기 위해 어떤 노력이 필요한지 쉽게 보여준다. 바다 쓰레기는 바다에 직접적으로 쓰레기를 버리지 않았더라도 일상생활에서 버리는 쓰레기로부터 기인하는 경우가 더 대다수이기 때문에 어린이들도 공감하고 문제 제기할 수 있는 문제이다.

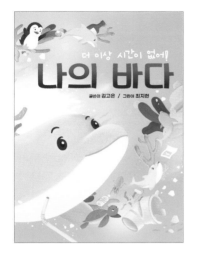

📖 더 이상 시간이 없어! 나의 바다

"바다에 뿌려진 미세 플라스틱으로 고통 받는 바다 이야기, 심각한 해양 오염의 실태를 알려 주는 책"

최근 몇 년 사이, 한 명이 매주 2,000여 개의 미세 플라스틱을 먹는 되는 것으로 밝혀지고 있다. 1주일에 볼펜 한 자루 또는 신용카드 한 장 분량의 플라스틱을 먹고 있는 셈이다.

생산량과 사용량의 증가로 방출량이 많아진 플라스틱이 해양 쓰레기로 등장하면서 세계 곳곳은 골치를 앓고 있다. 미세 플라스틱을 흡수한 바다의 생물을 다시 인간이 먹게 되는, 그야말로 인간은 지구에게 '인류세'를 톡톡히 치르고 있는 것이다. 이제 자연은 우리에게 미세 플라스틱이라는 환경의 재난을 물물교환하려 한다.

동화 『더 이상 시간이 없어! 나의 바다』는 그러한 물음에 함께 고민하고 답하기 위한 시도에서 시작되었다. 이 책은 남극 바다 친구들이 해양 쓰레기로 인해 겪는 고충을 다양한 이야기를 통해 보여준다. 이 작은 이야기는 해양오염의 심각성을 알리고 경각심을 일깨워 우리 아이들이 살아가야 할 지구를 보다 나은 곳으로 이끌 수 있는 마음을 심어줄 것이다.

보이는 환경 라디오 활동 소개

■ 참고 자료 출처
- 우치갑 외 8인(2018), 수업이 즐거운 교육과정-수업-평가-기록의 일체화, 테크빌교육, 216~217
- 조경희 외 4인(2021), 고등학교 보건간호, 포널스, 13~41
- 정준환 외 9인(2022), 지구를 살리는 프로젝트 수업, 상상채널
- KBS 1라디오(2021), [대한민국 환경 1교시] 1편 - 지구는 우리가 지켜요! | KBS 210601 방송, https://youtu.be/QuV1WRsBOC9
- KBS 1라디오(2021), [대한민국 환경 2교시] 2편 - 기후미식회 | KBS 210602 방송, https://youtu.be/Jcq-jUyPsnE

MEMO

03 보건 교육 A to Z

교수·학습 계획

수업방법	토의·토론학습, 협력학습	운영 형태	on/off
대단원	Ⅴ. 보건 교육	예상 차시	4차시
중단원	3. 보건 교육의 방법 4. 보건 교육의 평가		
준비물	원격수업 기자재(마이크와 웹캠 사용이 가능한 PC), 활동지, PPT		
성취기준	5)-다) 보건 교육의 방법 5)-라) 보건 교육의 평가		
학습목표	· 보건 교육 방법을 적용하여 보건 교육을 기획할 수 있다. · 기획한 보건 교육에 적절한 교육 자료를 제작할 수 있다.		

수업 흐름도

STEP 1	보건 교육 기획 과정 알아보기
STEP 2	대상자별 보건 교육 기획
STEP 3	보건 교육 자료 제작
STEP 4	모둠별 발표 및 평가

보건간호 과목은 보건의료 관련 전문교과 5개 과목 중 성취기준에 보건 교육이 단독으로 제시된 유일한 과목이다. 보건의료계열 진로의 특성상 대상자의 질병 예방 및 건강 향상을 위한 보건 교육자로서의 역할은 매우 중요하다. 보건의료계열의 실무현장은 의료기관, 지역사회, 학교, 산업장 등으로 매우 다양하며, 각 실무현장에 필요한 보건 교육의 내용 및 대상자의 요구 또한 상이하다. 따라서 보건간호 과목에서 각 대상자의 특성에 적합한 보건 교육을 구상해 보는 수업 활동을 기획하여 학생들에게 진로 희망 영역에서의 직업 활동을 수행해보는 경험을 제공하고자 하였다.

본 수업에서 수행 과제는 대상자의 특성에 적합한 보건 교육을 기획하는 것으로, 실무현장별 대상자와 그에 필요한 교육주제는 미리 제시하였으며, 주제에 따른 교육 내용은 학생들이 선정하도록 하였다. 평가는 학생들이 작성한 학습지도안과 교육 자료 발표로 이루어진다. 본 수업은 협력 학습을 위해 2인 1조로 구성하였지만 학교 상황 및 학생들의 역량에 따라 개인별 활동으로 구성해도 좋다.

본 수업에서 제작한 보건 교육 지도안과 교육 자료는 동아리 활동과 연계하여 지역 사회의 대상자들에게 보건 교육을 제공하는 데에도 활용할 수 있다.

수업 지도안

단계	교수·학습활동	활동 자료 또는 유의점
도입	1. 동기 유발 - 타인을 가르쳐본 경험에 대해 이야기 나누기 2. 학습 목표 제시 및 학습 과정 안내	
전개	1. [강의] 환경보건 이론 강의 - 보건 교육의 방법과 매체 - 보건 교육의 평가	· PPT 활용
	2. [모둠 활동] 보건 교육 기획 - 모둠(2인 1조) 구성 및 수행 과제 제시 [수행과제] 대상자의 특성에 적합한 보건 교육을 기획한다. 1. 지도안 작성 : 보건 교육 주제, 학습 목표, 교육 내용, 교육 방법, 교육 시간, 교육 매체, 평가 방법을 포함 2. 교육 자료 제작 : 교육 매체는 자유 선택 - 실무현장별 보건 교육 대상자 및 주제 | 실무현장	대상자	주제
학교	초등고학년	올바른 응급처치
병원	환자 및 보호자	당뇨 합병증 예방
산업장	근로자	근골격계 질환 예방
지역사회	지역주민	만성질환 예방
요양원	노인	치매예방 | - 모둠별 보건 교육 지도안 작성하기	· PPT 활용 · 활동지(지도안)
	3. [모둠 활동] 대상별 보건 교육 자료 제작 - 보건 교육에 활용할 자료를 제작하도록 한다.	· 교육 매체는 교사가 직접 지정하는 것 보다 학생이 스스로 선택하여 제작할 수 있도록 한다.
	4. [발표] 학교 보건 교육 지도안 및 교육 자료 발표 및 평가 - 평가 방법: 자기 평가, 교사 평가	
정리	1. 활동 소감 나누기 2. 다음 차시 안내	

평가 계획

1 평가 개요

성취 기준	5-다) 보건 교육의 방법 5-라) 보건 교육의 평가				
평가 유형	☑ 의사소통형	☑ 학습확인형	☐ 포트폴리오형	☐ 실험실습형	☐ 기타:
평가 방법	☑ 자기 평가		☐ 동료 평가		☑ 교사 평가
평가 대상	☑ 개인		☑ 소그룹		☐ 학급 전체
평가 시기	☐ 도입		☑ 수업 중		☑ 수업 마무리

2 평가 세부 척도

▪ 자기평가

평가활동	평가기준	평가척도		
		상	중	하
참여도	모둠에서 주어진 역할을 충실히 수행함			
의사소통	짝의 의견을 경청하고 본인의 의견을 활발히 제시함			
모둠 활동을 하며 느낀 점을 적어보세요.				

■ 교사 평가(모둠 평가)

평가 요소	평가기준	배점	모둠1	모둠2	모둠3
내용의 충실성	지도안에 학습 목표, 교육 내용, 교육 방법, 교육 시간, 교육 매체, 평가 방법이 계획되어 있는가	20			
내용의 적절성	지도안의 도입, 전개, 정리단계에 적합한 학습 활동이 계획되어 있는가	30			
자료의 표현력	제작한 교육 자료가 내용을 시각적으로 잘 전달하고 있는가	30			
발표력	수행 결과물을 자신 있고 전달력 있게 발표하였는가	20			
합계		100			

3 세부능력 및 특기사항 기록 예시

성취기준에 따른 성취수준　수행 과정 및 결과　교사 총평

　　보건 교육의 다양한 교수 학습 방법을 알고 대상자의 특성에 적합한 보건 교육 방법을 적용하여 보건 교육을 기획하는 활동에 참여함. 초등 고학년을 대상으로 올바른 응급처치라는 주제로 보건 교육을 기획하여 응급처치의 의미와 중요성, 응급처치 방법을 교육 내용으로 선정하고 교육 자료를 제작함. 짝과 활발히 소통하며 보건 교육 주제에 적합한 교육 내용을 선정하였으며, 학습지도안의 수업 활동 흐름의 전개가 자연스러움. 교육의 첫 단계에 학생들이 자신 또는 주변 사람이 다쳐서 응급처치를 했던 경험에 대해 이야기하도록 하여 효과적인 동기 유발을 할 수 있게 계획하였으며, 교육 평가 방법을 O, X 퀴즈로 계획하여 학습 목표 달성 여부를 평가함. 보건 교육 지도안 발표 시 차분하면서 자신 있는 어조로 발표하였으며, 교육 자료를 시각적으로 잘 구성하여 교육 내용이 잘 전달되도록 함. 보건 교육 기획 준비 단계부터 발표 단계까지 짝과 협력하여 우수한 태도로 수업에 임하며, 자신의 진로 탐색 활동에 적극적으로 참여하는 자세가 인상깊은 학생임.

교육 활동 자료

참고 자료 | 보건 교사들이 지은 보건 수업 관련 도서

보건수업?
보건수업!,

BOOKK(부크크) / 강은수 외 6인(2019)

수업을 돕는 과정중심평가
: 초등 보건 편

지식플랫폼 / 조한무 외 4인(2020)

여자아이를 위한
성교육 배움 노트

한술수북 / 조현아 외 3인(2023)

남자아이를 위한
성교육 배움 노트

한술수북 / 조현아 외 3인(2023)

보건 교육 관련 국가자격 소개 – 보건교육사

정의	보건교육사란 개인, 집단, 산업체 및 지역사회가 체계적이고 효율적인 보건 교육을 통하여 건강상 바람직한 행동을 자발적으로 할 수 있도록 교육하고 환경을 조성하며 사전 예방적 건강관리사업을 수행함으로써 국민의 질병을 예방하고 건강을 증진하는 전문직업인을 의미한다.
수행 직무	· 개인, 집단, 산업체 및 지역사회의 건강 증진 환경 조성 · 사전 예방적 건강관리사업의 정보 수집 및 분석 · 사전 예방적 건강관리사업의 수행 · 보건 교육의 전문성 개발 · 개인, 집단, 산업체, 지역사회의 보건 교육 요구도 조사 및 진단 · 보건 교육, 건강증진 프로그램 기획 · 보건 교육, 건강증진 프로그램 실행 · 보건 교육, 건강증진 프로그램 평가 및 관리 · 보건 교육 방법 및 건강 증진 교육 자료 개발 · 보건 교육, 건강증진서비스 연계 및 조정 · 보건 교육 및 건강정보 제공 · 보건의료기관에서 일반 환자 및 가족의 보건 교육 · 산업장에서 근로자의 건강 증진 및 보건관리사업 수행 · 학교 보건 교육의 실시와 지원 · 노인요양 및 수발서비스에서 교육 및 상담 · 건강정보의 생성과 확산 · 의사소통 및 애드보커시(Advocacy) · 보건 교육, 건강 증진에 관한 연구 수행
자격	보건교육사 1, 2, 3급

*출처: 한국보건의료인국가시험원, https://www.kuksiwon.or.kr

PPT 자료

보건 교육 방법

보건 교육 방법

1. 개별 교육

상담(면담) : 보건 사업이 이루어지는 현장에서 가장 많이 활용

★ 상담(면담) 시 주의 사항 ★
신뢰 관계(라포) 형성
비밀 엄수
긍정적 태도 및 공감대 형성을 위한 노력
지시, 충고, 명령, 문제, 설득, 권고 등은 피하기

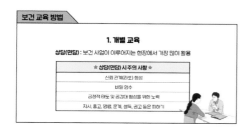

보건 교육 방법

2. 집단 교육

1	강의법	많은 청중 대상
2	토의법	학습의 과정 중시
3	시범	교육자가 실제로 실시해 보임
4	역할극	교육 대상자들이 직접 상황의 인물로 등장
5	현장체험	견학
6	전시교육	실물, 모형, 작품 등 다양한 자료를 전시
7	건강 캠페인	

보건 교육 방법

3. 기 타

1	프로젝트 학습	학습 목표를 교육 대상자에게 제시하고, 소그룹이나 개인이 자료를 수집하고 계획하여 시행함으로써 문제를 해결하는 데 필요한 지식, 기술, 태도를 포괄적으로 습득하게 함
2	문제중심 학습	문제에 대한 이해와 이를 해결하기 위한 논리적, 체계적 활동을 통해 문제를 해결하는 방법을 학습함
3	시뮬레이션 학습	현실과 유사한 상황을 구현하고 활동에 참여하게 함
4	블렌디드 러닝	온/오프라인 혼합 교육
5	플립 러닝	거꾸로 학습으로, 집에서 교사가 제작한 강의를 듣고 학교에서 활동을 통해 학습함

보건 교육 매체

1. 매체의 개념과 중요성

교육 매체 : 교육과 대상자 사이의 의사전달을 위한 효과적인 교육의 보조수단

★ 고려할 점	학습 목적과 내용
	대상자의 특성
	교육환경
	매체의 특성과 이용 가능성 등

보건 교육 매체

2. 교육 매체의 종류

1	프레젠테이션	파워포인트 또는 미리캔버스 등
2	시각 매체	그림, 사진, 실물, 모형 등
3	시청각 매체	영화, TV 프로그램 등 영상 자료
4	모바일 및 스마트 기기	

보건 교육 평가

평가 시점에 따른 분류

1	진단평가	사전 지식 확인
2	형성평가	교육이 진행되는 동안 교육 내용, 교육 방법, 교육 효과 등을 평가
3	총괄평가	일정한 학습이 끝난 후, 교육 목표 도달 여부 확인

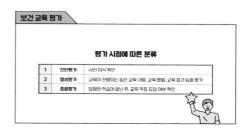

보건 교육 기획하기

수행 과제 | 대상자의 특성에 적합한 보건교육을 기획한다.

1 지도안 작성
보건 교육 주제, 학습 목표, 교육 내용, 교육 방법, 교육 시간, 교육 매체, 평가 방법 포함

2 교육 자료 제작
교육 매체는 자유 선택

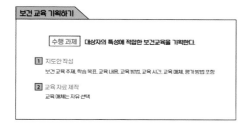

지역사회 보건 교육 활동(어린이를 대상으로 한 올바른 양치질 교육)

활동 사진

보건 교육 A to Z 발표

■ 참고 자료 출처
- 우치갑 외 8인(2018), 수업이 즐거운 교육과정-수업-평가-기록의 일체화, 테크빌교육, 254~261
- 조경희 외 4인(2021), 보건간호, 포널스, 212~236
- 한국보건의료인국가시험원, https://www.kuksiwon.or.kr/

04 감염병 시대 살아남기

교수·학습 계획

수업방법	강의식, 프로젝트 학습	운영 형태	on/off
대단원	Ⅱ. 질병관리사업	예상 차시	3차시
중단원	4. 감염병 관리		
준비물	자료 조사용 태블릿 PC 또는 핸드폰, 원격수업 기자재(마이크와 웹캠 가능한 PC 또는 노트북), 감염병 관련 도서, 포스트잇, PPT, 활동지		
성취기준	2-라) 감염병 관리		
학습목표	· 감염병 관리에 대해 설명할 수 있다. · 감염병 질환과 신종감염병의 종류별 진단 및 관리에 대해 설명할 수 있다.		

수업 흐름도

STEP 1	감염병으로 변화된 일상 이야기 나누기
STEP 2	감염 및 감염병 이해하기
STEP 3	감염병 시대 살아남기 활동하기
STEP 4	정리 및 발표

감염병은 감염성을 가진 병원체가 숙주에게 전파되어 발생하며 집단적으로 유행하는 질병을 의미한다. 2000년 이후 다양한 신종감염병이 발생하고 있고, 코로나19 바이러스와 같이 전 세계가 팬데믹 상태에서 안전하지 못한 상태이므로 감염병의 종류와 진단 및 관리에 대한 관심이 요구되고 있다.

이러한 상황에 맞추어 도입에서 바이러스 관련 영화인 <컨테이젼>과 코로나19 바이러스를 비교하여 설명하는 영상을 시청한 후, 팬데믹 이후 우리의 일상이 얼마나 변화되었는지 이야기를 나누어본다. 전개에서는 감염 및 감염병을 이해하기 위해 감염병의 종류, 분리 체계 및 관리 방안을 강의식으로 설명한다.

강의식 수업 이후에는 2인 1조로 모둠을 구성하여 '감염병 시대 살아남기' 활동을 진행한다. 첫 번째로 역사를 바꾼 과거 감염병 2가지와 관련된 자료를 제시하여 감염병과 그렇게 생각한 이유를 이야기하며 과거 감염병이 인류에 어떤 영향을 미쳤는지 파악한다. 두 번째로 지구 곳곳에서 발생하고 있는 신종감염병에 대한 역학보고서를 작성해보며 감염병의 원인, 증상, 잠복기, 그 외의 특징 등을 스스로 학습할 수 있도록 한다. 마지막으로 감염병 관리를 위한 개인적·사회적·국가적 관리 체계 방안을 모색해보고, 우리가 실천할 수 있는 노력에 대해 학생들이 서로 이야기를 나눌 수 있도록 한다.

수업 지도안

단계	교수·학습활동	활동 자료 또는 유의점
도입	1. 동기 유발 - 영화 <컨테이전>과 코로나19 바이러스 비교 영상 시청 - 코로나19 이후 우리의 일상이 얼마나 변화되었는지 이야기 나누기 2. 학습 목표 제시 및 학습 과정 안내	· 유튜브 영상 활용
전개	1. [강의] 감염 및 감염병 이해 - 감염 및 감염병의 정의 - 감염의 연결고리 및 관리 방안 - 감염병의 종류 및 법정 분류 체계 기준 안내	· PPT 활용
	2. [짝 활동] 감염병 시대 살아남기 활동 - 감염병 시대 살아남기 활동 안내 [활동 안내] 1) 2인 1조로 짝 구성하기 2) 짝과 함께 아래 3가지 미션의 활동지 작성하기 　가) 역사를 바꾼 과거 감염병 찾아내기 　나) 신종감염병 역학 보고서 작성하기 　다) 개인적·사회적·국가적 관리 방안 - 감염병 관리 방안 의견 발표하기	· PPT, 활동지 활용 · 자료 조사를 위해 태블릿 또는 휴대폰 등
	3. [평가] 평가하기 - 평가 방법: 자기 성찰 평가 및 동료 평가	
정리	1. 감염병의 기본 개념 정리 2. 다음 차시 안내	

평가 계획

1 평가 개요

성취 기준	2-라) 감염병 관리		
평가 유형	☐ 의사소통형　☑ 학습확인형　☑ 포트폴리오형　☐ 실험실습형　☐ 기타:		
평가 방법	☑ 자기 평가	☑ 동료 평가	☐ 교사 평가
평가 대상	☑ 개인	☐ 소그룹	☐ 학급 전체
평가 시기	☐ 도입	☑ 수업 중	☑ 수업 마무리

2 평가 세부 척도

- 자기 성찰 평가

1	수업 중 기억에 남는 내용	
2	수업 중 아쉬웠던 점	
3	수업 내용 중 궁금했던 내용 또는 새롭게 알게 된 내용	
4	나의 소감	

▪ 동료 평가 (감염병 시대 살아남기 활동)

평가요소	평가기준	본인					동료				
내용의 이해력	감염병의 발생 과정을 이해하고 관련 자료를 분석할 수 있음	1	2	3	4	5	1	2	3	4	5
내용의 분석력	신종감염병의 발생 과정을 이해하고, 관련 자료를 활용하여 자료를 잘 정리할 수 있음.	1	2	3	4	5	1	2	3	4	5
내용의 구체성	감염병 관리 방법을 구체적으로 제시할 수 있음	1	2	3	4	5	1	2	3	4	5
태도	감염병 관리를 성실하게 학습하고, 적극적인 태도로 활동에 참여함	1	2	3	4	5	1	2	3	4	5

3 세부능력 및 특기사항 기록 예시

■ 성취기준에 따른 성취수준   ■ 수행 과정 및 결과   ■ 교사 총평

질병과 감염병의 개념을 구분하고 감염병의 발생 요인, 감염 경로, 감염병의 진단 및 관리 방안에 대해 학습함. 또한 질병 발생의 요소를 이해하여 숙주의 감수성과 면역의 원리에 대한 개념을 정확하게 구분할 수 있음. 감염병 시대 살아남기 활동에서 짝과 함께 감염병의 과거-현재-미래의 연관성을 이해하고 활동을 수행하고자 함. 과거 감염병인 콜레라와 페스트의 특성을 파악하고, 이것이 역학의 개념과 검역 제도에 영향을 주었다는 사실에 흥미를 갖게 됨. 또한, 신종감염병인 메르스를 선택하여 원인, 증상, 잠복기 및 특징을 한눈에 보기 쉽게 자료를 정리하여 보고서를 작성함. 보고서 작성 후 지구온난화와 신종감염병을 연결하여 지구온난화가 지속될 경우 미래에 코로나보다 더 큰 팬데믹이 발생할 것을 우려하며 환경 보호의 중요성에 목소리를 높임. 탐구심이 높아 모르는 내용이 있으면 항상 질문을 통해 수업 시간 안에 내용을 이해하고자 노력하며, 이러한 과정을 통해 매 수업 시간을 생동감 있게 만드는 점을 보아 성장 가능성이 높은 학생임.

교육 활동 자료

참고 영상 ㅣ 영화 <컨테이전>과 코로나19의 유사점

JTBC Entertainment(2020), "마스크 대란·박쥐…"
영화 <컨테이전>과 코로나19의 유사점 방구석
https://www.youtube.com/watch?v=vWwms7Peqng

감염병 관련 도서

📖 우리는 감염병의 시대를 살고 있습니다

『우리는 감염병의 시대를 살고 있습니다』는 끝없이 진화하는 감염병의 시대를 살아가야만 하는 청소년들을 위한 인문 과학 교양서이다. 갑작스레 들이닥친 듯 보이는 감염병의 역습은 사실 머나먼 과거부터 이어져 왔고 앞으로도 계속될 것이다. 그렇기에 미래를 살아갈 청소년이라면 이 사태가 어디서 왜 시작되었는지, 대체 우리를 어디로 이끄는지, 이에 어떻게 대응해야 하는지 누구보다 제대로 알 필요가 있다. 이 책은 인류가 과거부터 지금까지 다양하게 모습을 바꿔 온 감염병과 어떻게 싸워 왔는지 그 도전의 역사부터 시작해 감염병이 일으킨 여러 변화와 시대의 흐름을 찬찬히 들여다본다.

📖 감염병과의 위험한 동거

21세기의 시작과 함께 찾아온 신종감염병 사스, 이후 십여 년 만에 겪은 메르스, 2020년 전 세계를 초토화한 코로나19를 비롯해 끊임없이 인류를 위협해온 에볼라, 디프테리아, 21세기 흑사병에 이르기까지 21세기 감염병에 관한 이야기다.

감염병 진단기술 분야의 과학자가 과학적인 관점에서 여러 감염병의 원인과 발병, 그리고 예방과 치료를 위해 어떻게 노력했는지를 소개한다. 또한 위험한 감염병이 전쟁에서 생물무기로 사용된 사례를 비롯해 지금도 큰 위협이 되고 있는 생물무기에 대한 대처법, 산업화와 도시화에 따른 환경 파괴와 기후 변화 등으로 앞으로 더욱더 큰 위협으로 다가올 신종감염병의 출현에 대해서도 과학적인 관점에서 풀어낸다. 현재를 사는 우리는 바이러스와 세균 등 감염병을 일으키는 병원체를 완전히 없애는 것은 불가능하지만, 과학적으로 어떻게 안전하게 관리하며 함께 살아갈 수 있는지, 미래지향적인 시각으로 조망하는 과학 교양서다.

📖 자연의 역습, 감염병

앞으로의 역사는 코로나 이전 BC(Before Corona)와 코로나 이후 AC(After Corona)로 나뉠 거라는 말이 있을 정도로 눈에 보이지 않는 바이러스가 가져온 충격파는 세계 각국을 뒤흔들었고, 우리 모두가 감염병의 위력을 날마다 실감하고 있다.

미래생각발전소 시리즈 제17권『자연의 역습, 감염병』은 지금 우리가 겪고 있는 코로나19부터 페스트와 한센병, 인플루엔자 등 인류 역사와 함께해 온 감염병에 관해 어린이들에게 알기 쉽게 들려주는 책이다.

📖 미생물과 감염병 이야기

교과학습은 물론 시사상식을 넓히는 데에도 도움이 되는 '신문이 보이고 뉴스가 들리는 재미있는 이야기' 시리즈의 서른다섯 번째 책으로, 초등학생이 꼭 알아야 할 미생물과 감염병에 관한 다양한 정보를 담았다.

이 책은 우리의 건강과 직결되어 있으면서도 오랫동안 베일에 싸여 있었던 미생물의 세계를 쉽고 재미있게 접해볼 수 있는 안내서다.

생각 열기

감염병의 관리

- 우리나라: 1954년 2월 감염병예방법이 제정
- 국가차원에서 감염병을 지정하고 감시와 관리를 철저히 하고 있음
- 감염병 6요소 감염사슬 중 한 요소 또는 몇 개의 요소를 집중 방어하면서 감염병을 차단할 수 있다.

감염의 연결고리

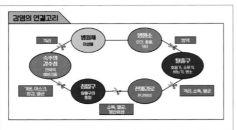

1~4급 감염병 분류 체계

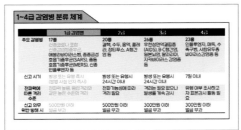

감염병 시대 살아남기

미션 1.

미션1. 역사를 바꾼 과거 감염병의 영향력 파악하기

다음의 2가지 자료를 통해 역사를 바꾼 감염병의 종류와 그렇게 판단한 이유를 작성해보자.

미션 2.

미션2. 비상! 지구 곳곳에서 발생하는 신종 감염병

지구 곳곳에서 발생하는 신종 감염병 1가지를 선택하여 원인, 증상, 참복기, 그 외 특징을 정리하여 보고서로 제출하자.

미션 3.

미션3. 감염병을 예방하기 위한 관리 방안과 우리가 실천해야 할 노력

감염병은 큰 피해를 주므로 개인적, 사회적, 국가적 관리방안을 작성해보고 우리가 실천해야 할 노력은 무엇인지 의견을 나눠보자.

■ **참고 자료 출처**

- 우치갑 외 8인(2018), 수업이 즐거운 교육과정-수업-평가-기록의 일체화, 테크빌교육, 216~217
- 김영호(2021), 감염병과의 동거, 지성사, 208~225
- 김정민(2020), 우리는 감염병의 시대를 살고 있습니다, 우리학교
- 김양중(2020), 자연의 역습, 감염병, 미래아이
- 천명선(2014), 재미있는 미생물과 감염병 이야기, 가나문화콘텐츠
- JTBC Entertainment(2020), "마스크 대란·박쥐…" 영화 <컨테이젼>과 코로나19의 유사점 방구석 1열(movieroom) 9구회,
  https://www.youtube.com/watch?v=vWwms7Peqng

MEMO

05 보건의료전달체계 및 의료격차

교수·학습 계획

수업방법	강의식, 협동학습, 토의, 디자인 씽킹	운영 형태	on/off
대단원	Ⅲ. 보건행정	예상 차시	3~4차시
중단원	3. 보건의료전달체계		
준비물	활동지, 스마트 기기(E-gen 앱), 필기구, PPT, 색연필, 8절지		
성취기준	3)-다) 보건 의료전달체계		
학습목표	· 현행 의료전달체계를 이해하고, 현재 시행되고 있는 의료전달체계의 문제점과 개선 방향을 찾을 수 있다. · 지역별 의료격차의 실태를 파악하고, 이를 해결하기 위한 방안을 3가지 이상 제시할 수 있다.		

수업 흐름도

STEP 1	우리나라의 보건의료전달체계 이론
STEP 2	E-gen 앱을 활용한 의료격차 활동
STEP 3	의료격차에 대한 포스터 제작하기
STEP 4	활동 소감 발표 및 마무리

　　보건의료전달체계는 국가나 지역사회가 국민의 건강을 위하여 모든 국민이 쉽게 이용할 수 있도록 마련한 보건의료사업에 관한 제도와 구조를 의미하는 것으로, 해당 수업은 다소 어려운 개념들을 포함하고 있다. 따라서 사전에 학생들에게 강의식 설명을 통해 충분한 지식을 제공한 뒤 학생 참여 중심의 활동을 진행하는 것을 추천한다. 우리나라는 1989년부터 의료전달체계가 실시되고 있으며, 의료자원의 효율적 공급과 대형병원의 환자 집중현상 방지 및 의료기관 간 균형적 발전을 도모하기 위해 보건의료전달체계가 꾸준히 발전해왔다. 하지만 E-gen 앱으로 지역별 응급실 조건검색을 통해 분석해본 결과, 여전히 지역별 의료격차가 존재하고 있었다.

　　해당 수업에서는 학생들이 직접 원하는 대도시와 소도시 지역을 선정하고, 응급실의 가용률과 이용병상 수 등을 비교하여 실태조사를 진행하도록 한다. 해당 활동이 끝나면 '의료격차 포스터 만들기' 활동을 통해 지역별 의료격차의 현실을 한눈에 보기 쉽게 정리해보도록 한다. 이 수업을 통해 건강불평등을 해소하기 위한 방법과 지역별 의료격차를 해결하기 위한 실질적인 방안은 무엇일지 고찰해보는 시간을 가져보며, 활동 소감을 각자 발표하고 마무리하도록 한다.

단계	교수·학습활동	활동 자료 또는 유의점
도입	1. 동기 유발 – 전시학습 내용 복습 2. 학습 목표 제시 및 학습 과정 안내	
전개	1. [강의] 우리나라의 보건의료전달체계 – 보건의료전달체계의 개념 – 일차보건의료의 배경 및 개념	· PPT

	2. [모둠 활동] E-gen 앱을 활용한 의료격차 활동
	– E-gen 앱을 활용한 의료격차 활동 안내
	
	[활동 안내]
	1) 모둠(4인 1조) 구성하기
	2) 활동지 작성하기
	  – 평소 의료기관을 이용하면서 불편했던 경험이나 사례 이야기 해
	    보기
	  – E-gen 앱을 활용하여 자료 조사하기
	  – 지역별 의료격차에 대한 내용 작성하기
	3) 건강불평등의 원인과 해결 방안 탐구하기
		· 활동지, 스마트용 기기
		  (E-gen 앱), 필기구

	3. [모둠 활동] 의료격차 포스터 제작
	– 의료격차 포스터 제작하기 활동 안내
	
	[활동 안내]
	1) 기존 모둠원 그대로 활동 시작하기
	2) 의료격차 포스터 제작 방법 및 평가 안내하기
	– 색연필과 8절지 배부하기
	– 앞에 진행했던 활동지를 토대로 포스터에 시각적으로 잘 표현될
	  수 있도록 그리기
	3) 활동 시간 내에 마무리하도록 안내하기
		[활동 자료]
		· 색연필, 8절지
		
		[유의점]
		· 제한된 시간 안에 마무리
		  할 수 있도록 학생들에게
		  사전 안내한다.

	4. [평가] 의료격차 포스터 발표 및 평가하기 – 평가 방법: 동료 평가 및 교사 평가	
정리	1. 수업 내용 정리 2. 다음 차시 안내	

평가 계획

1 평가 개요

성취 기준	3)-다) 보건의료전달체계				
평가 유형	☐ 의사소통형	☑ 학습확인형	☑ 포트폴리오형	☐ 실험실습형	☐ 기타:
평가 방법	☐ 자기 평가	☑ 동료 평가		☑ 교사 평가	
평가 대상	☑ 개인	☑ 소그룹		☐ 학급 전체	
평가 시기	☐ 도입	☑ 수업 중		☐ 수업 마무리	

2 평가 세부 척도

- 모둠 간 평가(포스터제작)

평가활동	평가기준	평가척도		
		상	중	하
내용의 충실성	선정한 주제가 적합하고 내용이 구체적이며 결과물의 완성도가 높음			
발표력	발표 시간이 적절하였고, 말의 속도, 크기, 시선처리와 내용 전달이 우수함			
모둠의 발표를 듣고 새롭게 알게 된 내용이나 인상 깊은 점을 적어보세요.				

■ 교사 모둠평가 (포스터제작)

평가요소	평가기준	배점	1 모둠	2 모둠	3 모둠	4 모둠
포스터 제작과정	포스터를 구조화하여 필요한 요소가 모두 포함되도록 제작함	25				
	전체적으로 조화롭게 시각적으로 표현함	20				
표현의 창의성	포스터를 창의적으로 표현함	15				
협동성	모둠원 모두가 활동에 적극적으로 참여하며, 역할분담이 적절하게 이루어짐	20				
포스터 발표	정해진 시간 내에 발표를 실시함	10				
	말의 속도와 크기, 시선처리가 우수하며 내용 전달이 원활하게 이루어짐	10				
합계		100				

3 세부능력 및 특기사항 기록 예시

성취기준에 따른 성취수준　　수행 과정 및 결과　　교사 총평

　　우리나라의 의료전달체계를 이해하고, 현재 시행되고 있는 보건행정 정책상 의료전달체계의 문제점과 개선 방향에 대해 학습함. 1989년 이후 우리나라에서 시행되고 있는 일차보건의료에 대한 자신의 견해를 논리적으로 표현하고, 미국과 유럽의 사례와 비교하며 앞으로의 방향성을 제시하는 모습이 인상적인 학생임. 평소 의료기관을 이용하면서 불편했던 경험을 떠올려보며, 응급실을 찾지 못해 구급차 안에서 사망한 기사를 읽고 이를 해결하기 위한 방안에 대해 진지하게 고민하는 모습이 돋보임. E-gen 앱으로 지역별 응급실의 현황을 조사하여 △△특별시 □□구와 ○○시의 의료격차 실태를 파악하고, 이를 해결하기 위한 현실적인 방안으로 닥터헬기와 권역별 응급의료체계 정비를 제안함. 추수 활동으로 한 눈에 보기 쉽게 의료격차 포스터를 제작하여 지역별 건강불평등에 대해 훌륭한 결과물을 도출함. 보건행정에 대한 전반적인 지적호기심이 높고 매 수업마다 적극적으로 참여하는 열의를 보여주는 학생으로, 향후 질병을 조기에 발견하고 이를 예방하고 대처하는 공중보건 정책에 기여할 것이라고 보임.

활동 결과물

활동 사진 및 포스터 결과물

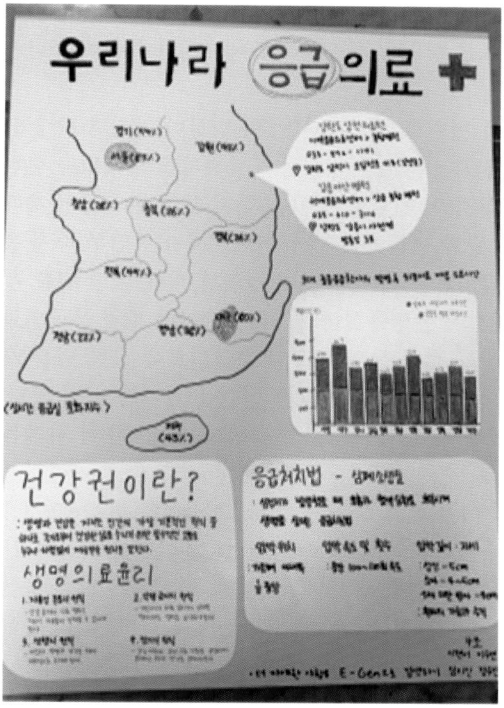

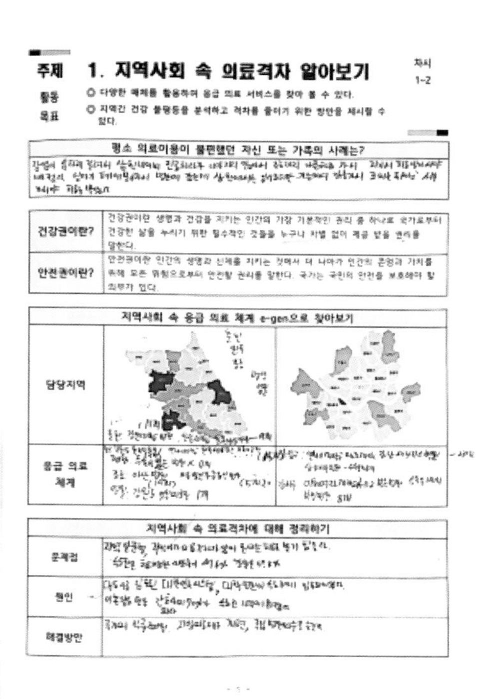

주제	1. 지역사회 속 의료격차 알아보기	차시 1-2
활동 목표	◎ 다양한 매체를 활용하여 응급 의료 서비스를 찾아 볼 수 있다. ◎ 지역간 건강 불평등을 분석하고 격차를 줄이기 위한 방안을 제시할 수 있다.	

평소 의료이용이 불편했던 자신 또는 가족의 사례는?

건강권이란?	건강권이란 생명과 건강을 지키는 인간의 가장 기본적인 권리 중 하나로 국가로부터 건강한 삶을 누리기 위한 필수적인 것들을 누구나 차별 없이 제공 받을 권리를 말한다.
안전권이란?	안전권이란 인간의 생명과 신체를 지키는 것에서 더 나아가 인간의 존엄과 가치를 위해 모든 위험으로부터 안전할 권리를 말한다. 국가는 국민의 안전을 보호해야 할 의무가 있다.

지역사회 속 응급 의료 체계 e-gen으로 찾아보기		
담당지역		
응급 의료 체계		

지역사회 속 의료격차에 대해 정리하기	
문제점	
원인	
해결방안	

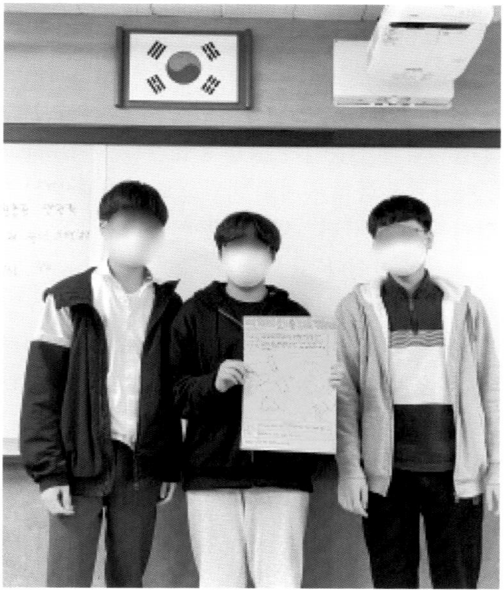

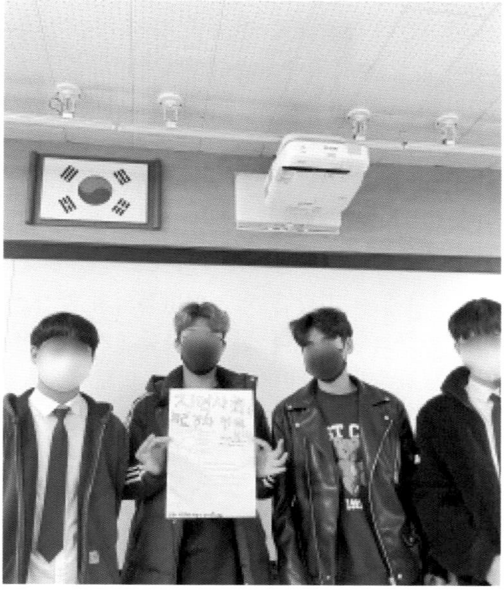

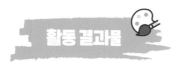

한 일간지 보도에 따르면 지난 19일 대구시 한 건물에서 추락해 중상을 입은 대학생이 119 구급차에 실려 수 시간 동안, 여러 병원을 떠돌다 결국 사망하는 사고가 발생했다. 지난 1월에는 서울 송파구 잠실에서 가슴 통증을 호소하던 68세 응급환자가 치료할 병원을 수소문한 끝에, 1시간 15분이 지나서 병원 응급실을 찾아 치료를 받기도 했다.

대구 대학생 사망 사고의 경우 119 구급대에서 이송 병원을 찾아봤지만, 빈 병상이 없거나 담당 의사가 없어 수용할 수 없다는 답을 들었던 것으로 알려졌다. 분초를 다투는 응급환자들의 생명을 살릴 수 있는 '골든타임(Golen Time)' 내에 치료받아야 하지만, 치료할 병원을 찾지 못해 환자들이 제때 치료를 받지 못하는 경우가 여전히 많다. 응급의료에 관한 법률에는 '응급의료종사자는 업무 중에 응급의료를 요청받거나 응급환자를 발견하면 즉시 응급의료를 하여야 하며 정당한 사유 없이 이를 거부하거나 기피하지 못한다.'고 명시돼 있지만, 현장에서는 유명무실하다. 지난 2021년 12월 응급의료기관이 환자 수용이 불가능할 경우, 사전 통보의 기준과 절차 등이 규정된 응급의료에 관한 법률 개정안이 국회 본회의를 통과했지만 여전히 현장에서 응급환자가 치료받을 병원을 찾기는 쉽지 않다. 소방청의 자료에 따르면 지난해 119 구급차가 병원의 거부 등의 이유로 응급환자를 재이송한 사례는 6,840건에 달했다.

국회 부의장 정우택 의원(국민의힘)은 29일 사회관계망서비스(SNS)를 통해 "서울 한복판에서도 (응급환자 치료가) 어려운데, 비수도권의 사정은 훨씬 더 열악해 '응급실 뺑뺑이' 대책 마련이 시급하다"며 "정부가 필수의료 기본계획과 응급의료시스템 개선을 위해 노력하고 있지만, 국민들이 병상을 찾아 표류하는 일이 없도록 응급의료 체계 전반을 철저히 재점검하고 대책을 마련해야 한다."고 촉구했다. 이에 대해 한 응급의학과 전문의는 '구조적 문제'를 '장기적인 관점'에서 접근할 필요가 있다고 주장했다. 대한응급의학과의사회(응급의학과의사회) 이형민 회장은 29일 <현대건강신문>과 통화에서 "이번 사고도 과밀화된 상종대학병원 응급실에서 발생한 일로 알고 있다"며 "응급센터 과밀화 문제는 단기간에 해결할 수 없지만, 당장 경증 환자를 지역 응급실에서 수용할 수 있는 체계 마련이 필요하다"고 말했다. 지난해 응급의학과의사회는 지역에서 경증 응급환자를 치료하기 위해 '어전트케어클리닉(Urgent Care Clinic, 응급의학과의원)'을 활성화하기로 했다. 2022년 3월 현재 서울·경기·인천 등 수도권을 중심으로 5개의 어전트케어클리닉에서 응급의학과 전문의가 경증 응급환자를 치료하고 있다. 이 회장은 "최근 인천에 한 어전트케어클리닉이 지역 주민들의 지지를 바탕으로 지자체 응급의료 지원 사업에 응모했는데 다른 진료과가 선정되는 일이 발생했다"며 "지역사회에서 자리 잡고 있는 응급의학 의원을 활성화해야 함에도 정책 당국의 이런 결정이 아쉽다"고 말했다.

환자단체는 이 같은 사고가 반복되지 않기 위해 실시간으로 응급의료기관의 상황을 확인할 수 있어야 한다고 주장했다. 한국환자단체연합회 안기종 대표는 "응급·외상 환자를 치료할 수 있는 의료진과 병상, 시설, 장비가 있는 응급의료기관을 확인하는 시스템이 구축돼 있지만 실시간으로 작동하지 않고 있다"며 "결국 119 구급대원이 개별적으로 응급·외상의료기관에 일일이 전화해 확인하고 있어 이런 사고가 반복되고 있다"고 지적했다. 안 대표는 "응급의료기관을 실시간으로 확인할 수 있는 시스템을 갖춘 국립중앙의료원 내 중앙응급의료센터가 제대로 작동하기 위해 인력, 재정 등이 투입돼야 한다."고 말했다.

[현대건강신문=박현진 기자]

보건의료전달체계

슬라이드 1
고교학점제 in 보건간호과
보건의료전달체계
과목 보건간호

슬라이드 2 (학습목표)
학습목표
01 보건의료전달체계를 설명할 수 있다.
02 보건의료전달체계의 문제점과 개선방향을 설명할 수 있다.

슬라이드 3 (보건의료전달체계의 개념)
보건의료전달체계란?
세계보건기구(WHO)에서
"보건의료전달체계를 의료의 지역화가
합리적으로 이루어진 상태"로 정의

슬라이드 4 (보건의료전달체계의 개념)
보건의료전달체계의 개념
보건의료전달체계란
국가나 지역사회가 국민의 건강을 위하여
모든 국민이 쉽게 이용할 수 있도록 마련한
보건의료사업에 관한 제도와 구조를 뜻하는 것으로,
가용자원을 최대한 활용하여 양질의 보건의료서비스를
의료보장대상자들에게 민주적이면서도
효율적으로 전달해주는 통로이다.

슬라이드 5 (보건의료전달체계의 목적)
보건의료전달체계 목적
- 지역 간 의료기관의 균형적인 발전
- 국민의료비 억제 및 의료 보장의 재정 안정 도모
- 의료 이용의 편의 제공과 의료 자원의 효율성 도모

슬라이드 6 (일차보건의료의 개념)
일차보건의료란?
신체적, 정신적, 사회적으로 최적의 안녕 상태로서의 보건을
지역사회 주민들이 접근하기 용이하며,
이용 가능하고 적절한 수준으로 활용할 수 있도록 되어 있는 지역보건의료체계

또한 보건의료에 대한 가장 기초적인 부분으로
전세계적인 보건의료 전략의 핵심이라 할 수 있으며,
개인, 가족 및 지역사회를 위하여 건강증진 예방,
치료 및 재활의 서비스가 통합된 기능을 함.

슬라이드 7 (일차보건의료의 접근)

1	접근성 (Accessible)	모든 지역주민이 쉽게 이용할 수 있어야 하며, 보건의료 이용에 지역적, 지리적, 경제적, 사회적 이유 등으로 차별이 있어서는 안 된다. 특히 국가의 보건의료활동은 소외된 지역 없이 벽, 오지까지 전달될 수 있어야 한다.
2	수용 가능성 (Acceptable)	일차보건의료는 지역주민이 편안하게 수용할 수 있는 건강 프로그램을 제공해야 한다.
3	주민의 참여 (Available)	일차보건의료는 충심은 지역사회 주민들로 능동적, 적극적 참여가 이루어지도록 해야 한다. 지역사회 참여는 일차보건의료사업에서 가장 중요하며 핵심적인 요소이다.
4	지불부담 능력 (Affordable)	지역사회의 지불능력에 맞는 보건의료수가로 사업이 제공되어야 한다. 이는 국가나 지역사회가 재정적으로 부담을 지는 방법으로 지역사회 내에서 이루어지는 것이 바람직하다.

슬라이드 8 (의료기관 유형)

1	보건기관	지역보건법에 의해 설치된 보건소, 보건지소, 보건 진료소 등
2	의원	주로 외래환자에 대하여 의료를 행하는 소형 의료기관
3	병원	입원환자 30인 이상의 병상을 갖춘 중형급 의료기관
4	종합병원	입원환자 100인 이상의 병상을 갖춘 중급 의료기관
5	종합전문요양기관 (상급종합병원)	종합병원 중 시설, 장비, 인력 등을 고려하여 정부가 별도로 지정하며 주로 대학 부속병원이 해당함

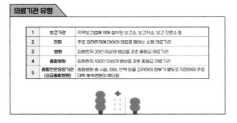

■ 참고 자료 출처
- 박현진(2023), [단독] 대구 대학생, 119 구급차서 떠돌다, 병원 안 받아줘 숨져, 현대건강신문, http://hnews.kr/news/view.php?no=61258
- 응급의료체계포털사이트 https://www.e-gen.or.kr
- 조경희 외 4인(2021), 고등학교 보건간호, 포널스, 137~141

공중 보건

어 나도 역학조사관

수업방법	강의식, 협동학습, 프로젝트 학습	운영 형태	off
대단원	Ⅰ. 공중 보건의 이해	예상 차시	2차시
중단원	2. 공중 보건의 개념과 발전		
준비물	PPT, 활동지		
성취기준	1)-나) 공중 보건의 개념과 발전		
학습목표	공중 보건의 정의와 발전 과정을 통해 공중 보건 활용의 목적과 범위 및 공중 보건 활동을 이해할 수 있다.		

수업 흐름도

STEP 1	공중 보건 이해하기
STEP 2	역학조사 이해하기
STEP 3	'나도 역학조사관' 활동하기
STEP 4	정리 및 평가

공중 보건이 생소한 학생들에게 공중 보건에 관련된 정의, 분야, 핵심 지표를 강의식으로 설명하여 지식을 습득할 수 있도록 한다. 공중 보건에는 다양한 분야 중 감염병의 원인과 특성을 밝혀내 유행 차단 방법을 찾는 '역학조사관'에 초점을 두고 활동을 구성하였다. 역학조사가 생소한 학생들을 위해 '쁘띠 역학조사관'이라는 미션을 통해 수업에 대한 흥미와 관심도를 높이고자 하였다.

'나도 역학조사관' 활동을 통해 코로나19 신종감염병으로 많이 알려진 역학조사관이라는 직업에 대해 이해하고, 직접 역학조사를 진행하여 공중 보건의 질병 관리 분야인 역학을 탐구할 수 있도록 한다. 2인 1모둠으로 짝을 구성하여 역학조사관과 환자로 역할을 나눈 후 직접 인터뷰를 통해 감염병 확진 2일 전 일정까지 조사할 수 있도록 하였다. 이를 통해 인터뷰만으로 진행하는 역학조사의 문제점과 보안 방안, 합리적인 방역 대책에 대해 논의할 수 있는 시간을 가지도록 하였다.

학생들이 직접 활동하면서 역학조사에 대한 깊은 고민의 시간을 갖고, 감염병 예방을 위해 최선을 다하는 역학조사관을 조금이나마 이해할 수 있는 시간이 되기를 바란다.

수업 지도안

단계	교수·학습활동	활동 자료 또는 유의점
도입	1. 동기 유발 – 역학조사관 관련 영상 시청 2. 학습 목표 제시 및 학습 과정 안내	· 영상 자료 준비
전개	1. [강의] 공중 보건 이해 – 공중 보건의 정의, 분야, 핵심 지표 – 역학조사의 정의 및 역사	· PPT 활용
전개	2. [짝 활동] '나도 역학조사관' – 쁘띠 역학조사관 되어보기 활동 안내 : 역학조사관의 입장이 되어 문제 힌트를 보고 감염병 발생일을 추리하여 맞히기 – '나도 역학조사관' 활동 안내하기 [안내 내용] 1) 2인 1모둠으로 짝을 구성한 후 '역학조사관'과 '환자'로 역할을 나눈다. 2) '역학조사관'은 '환자'를 인터뷰하여 확진 2일 전부터의 동선을 확인하고 감염병에 대해 분석한다. 3) 분석한 내용을 바탕으로 합리적인 방역 대책을 논의한다. 4) 역학조사 시 발생하는 문제점과 해결 방안, 합리적인 방역 대책에 대해 발표한다. – 정리 및 발표: 역학조사 시 발생한 문제점과 합리적인 방역 대책에 대해 발표하기	· 활동지
전개	3. [평가] 평가하기 – 평가방법: 자기 성찰 평가, 모둠별 평가	· 평가항목 사전 안내
정리	1. 공중 보건과 관련한 내용 정리 2. 다음 차시 안내	

평가 계획

1 평가 개요

성취 기준	1)-나) 공중 보건의 개념과 발전			
평가 유형	☐ 의사소통형	☑ 학습확인형	☐ 포트폴리오형	☐ 실험실습형 · ☐ 기타:
평가 방법	☑ 자기 평가	☑ 동료 평가	☐ 교사 평가	
평가 대상	☑ 개인	☑ 소그룹	☐ 학급 전체	
평가 시기	☐ 도입	☑ 수업 중	☑ 수업 마무리	

2 평가 세부 척도

▪ 자기 성찰 평가

수업을 통해 새로 배운 것	
수업 중 아쉬웠던 것	
느낀 점 (가장 기억에 남는 것)	

▪ 동료 평가 (나도 역학조사관)

평가요소	평가기준	본인					동료				
내용의 이해력	공중 보건의 정의와 감염병 예방을 위한 역학조사의 중요성을 이해함	1	2	3	4	5	1	2	3	4	5
역할 및 소통	자신의 역할을 충실히 수행하며 조원 간 서로 협력하며 의견을 나눔	1	2	3	4	5	1	2	3	4	5
발표	발표에 적극적으로 참여하고 다른 모둠 발표 시 집중하여 경청함	1	2	3	4	5	1	2	3	4	5

성취기준에 따른 성취수준   수행 과정 및 결과   교사 총평

공중 보건은 질병의 예방과 관리, 건강 증진 등을 통해 인구의 건강을 유지하고 개선하는 학문으로, 개인적인 건강뿐만 아니라 국가적 차원에서도 매우 중요함을 이해함. 공중 보건의 중요성은 질병 예방과 관리, 건강 증진, 긴급 상황 대응 등 국가의 안전과 개인에게 큰 영향을 미치는 중요한 내용이라는 의견을 발표함. 평상시 감염병의 감염 경로, 전파 방법에 관심이 많아 '나도 역학조사관' 활동에 적극적으로 참여하고 주제에 맞게 자료를 구체적으로 정리함. 감염병 상황 속 역학조사관의 역할을 명확하게 알고 있으며, 직접 역학조사를 진행하는 과정에서 역학조사의 정확성과 신뢰도에 대한 고민을 통해 역학조사 시 원인 규명에 한계점이 있다는 문제점을 지적함. 역학조사관이 감염병의 예방 및 대응 시스템을 구축하고, 전체적인 감염병의 발생률을 낮추는 데 중요한 역할을 수행하고 있다는 점에 감명 깊어하며 감사함을 표현함. 짝과 함께 역할을 적절히 분배하여 활동하였으며 짝의 의견을 적극적으로 경청하고 받아들이는 배려심 넘치는 모습을 보임.

교육 활동 자료

참고 자료 | 역학조사관 알기

한국보건복지인재원(2020), [1분지식] 역학조사가 뭐예요?
https://www.youtube.com/watch?v=BFXoKV8h6Ss

'나도 역학조사관'

공중보건의 정의

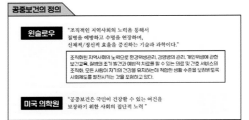

공중보건의 분야

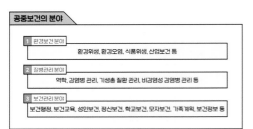

공중보건의 핵심지표

역학조사란?

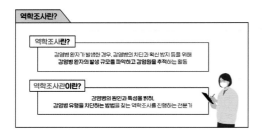

역학조사가 학문적으로 발전하게 된 계기

역학조사의 역사적 사례

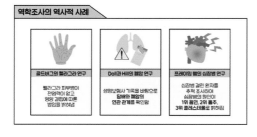

나도 역학조사관 활동하기

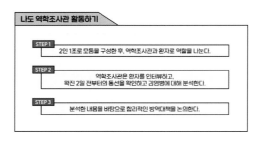

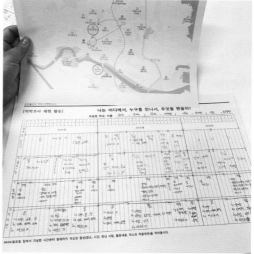

■ **참고 자료 출처**

- 개러스 무어, 셜록홈즈의 추리논리퀴즈, 빨간콩, 18~19
- 우치갑 외 8인(2018), 수업이 즐거운 교육과정-수업-평가-기록의 일체화, 테크빌교육, 216~217
- 한국보건복지인재원(2020), [1분지식] 역학조사가 뭐예요?, https://www.youtube.com/watch?v=BFXoKV8h6Ss

02 제로에너지 건축물

교수·학습 계획

수업방법	강의식, 협동학습, 디자인 씽킹	운영 형태	on/off
대단원	Ⅱ. 환경위생	예상 차시	3차시
중단원	4. 주거 환경		
준비물	활동지, 스마트 기기(태블릿 PC 또는 노트북), 4절지, 색연필 또는 사인펜, 유성매직		
성취기준	2)-라) 주거 환경		
학습목표	·쾌적하고 건강한 생활을 유지하기 위해 주거 환경에 필요한 환기, 채광, 온도, 소음, 진동 등의 요소들이 우리 생활에 끼치는 영향을 말할 수 있다. ·건강하고 쾌적한 주거 환경을 유지하려는 태도를 함양한다.		

수업 흐름도

STEP 1	제로에너지 건축물의 개념
STEP 2	제로에너지 건축물 국·내외 사례 탐구
STEP 3	제로에너지 건축물 디자인하기
STEP 4	결과물 발표 및 평가

우리의 행복한 삶을 영위하기 위한 조건 중에서 주거 환경이 차지하는 비중은 굉장히 높다. 주거 환경은 가족관계를 유지하고 휴식과 수면 등을 취할 수 있는 최적의 조건을 고려해야 한다. 이외에도 추위와 더위를 피할 수 있고, 각종 소음과 환경오염, 사고와 질병 발생의 위험으로부터 보호되어야 하며 심리적으로도 안정감이 있어야 한다. 최근에는 기후위기의 변화에 따라 패시브와 액티브 기술이 적용된 제로에너지 건축물이 등장하였다.

본 수업에서는 모둠별로 친환경적인 제로에너지 건축물의 국내 사례와 해외 사례를 조사하여 비교하는 활동을 진행해보고자 한다. 다양한 제로에너지 건축물의 사례들을 토대로 모둠별로 '제로에너지 건축물 디자인하기' 활동을 진행하여 조감도를 그리고, 적용된 패시브와 액티브 기술을 설명하여 작성하도록 한다. 교사는 시간 내에 활동이 마무리될 수 있게 안내하고, 완성된 제로에너지 건축물의 결과물을 소개하는 발표를 진행한다. 모둠별 발표가 끝나고 난 뒤, 모둠 간 평가와 교사 평가를 통해 우수한 제로에너지 건축물을 선정하고, 우수작품으로 선정된 모둠에게 적절한 보상을 해주며 차시를 마무리한다.

수업 지도안

단계	교수·학습활동	활동 자료 또는 유의점
도입	1. 동기 유발 　- 전시학습 내용 복습 2. 학습 목표 제시 및 학습 과정 안내	
전개	1. [강의] 제로에너지 건축물의 개념 　- 제로에너지 건축물의 정의 　- 제로에너지 건축물에 사용되는 기술과 사례	· 영상 활용
전개	2. [모둠 활동] 제로에너지 건축물 국·내외 사례 탐구 [활동 안내] 1) 4인 1모둠 구성하기 2) 활동지 작성하기 　- 제로에너지 건축물에 적용되는 패시브, 액티브 기술의 정의와 　　예시 작성하기 　- 해외 제로에너지 건축물 사례 조사하기 　- 국내 제로에너지 건축물 사례 조사하기	· 활동지, 스마트 기기 (태블릿 PC 또는 노트북 등)
전개	3. [모둠 활동] 제로에너지 건축물 디자인 [활동 안내] 1) 4인 1모둠 구성하기 2) 제로에너지 건축물 디자인 활동방법 및 평가 안내 　- 색연필과 사인펜, 유성매직, 4절지 배부하기 3) 앞에 진행했던 활동지를 토대로 4절지에 건축물의 조감도 그리기 4) 적용된 패시브와 액티브 기술에 대한 설명 작성하기	[활동 자료] · 4절지, 색연필 또는 사인펜, 유성매직 [유의점] · 제한된 시간 안에 마무리 할 수 있도록 학생들에게 사전 안내한다.
전개	4. [평가] 제로에너지 건축물 결과물 발표 및 평가하기 　- 평가 방법: 동료 평가 및 교사 평가	
정리	1. 수업 내용 정리 2. 다음 차시 안내	

평가 계획

1 평가 개요

성취 기준	2)-라) 주거 환경				
평가 유형	☐ 의사소통형	☑ 학습확인형	☑ 포트폴리오형	☐ 실험실습형	☐ 기타:
평가 방법	☐ 자기 평가	☑ 동료 평가		☑ 교사 평가	
평가 대상	☑ 개인	☑ 소그룹		☐ 학급 전체	
평가 시기	☐ 도입	☑ 수업 중		☑ 수업 마무리	

2 평가 세부 척도

■ 모둠 간 평가 (모둠별 제시)

평가 요소	평가기준	평가척도 (상/중/하)			
		1모둠	2모둠	3모둠	4모둠
내용의 완성도	제로에너지 건축물에 적용된 액티브와 패시브 기술에 대한 내용이 구체적이며 결과물의 완성도가 높음				
창의성	기존에 있는 건축물의 사례를 바탕으로 창의력 있는 제로에너지 건축물을 디자인함				
발표력	발표자의 발표 시간이 적절하였고, 말의 속도, 크기, 시선처리와 내용전달이 우수함				
모둠별 발표를 듣고 새롭게 알게 된 내용이나 인상 깊은 점을 적어보세요.					

▪ 교사 모둠 평가

평가 요소	평가기준	배점	1 모둠	2 모둠	3 모둠	4 모둠
협동심	전체 모둠원의 역할분담이 잘 이루어졌으며, 각자 자신의 역할에 맞추어 협동력 있는 모습으로 과제에 참여함	20				
발표력	제로에너지 건축물의 결과물 발표 시 발표자의 발표 시간이 적절하였고, 말의 속도, 크기, 시선처리와 내용전달이 우수함	15				
표현의 창의성	기존에 있는 건축물의 사례를 바탕으로 창의력 있는 제로에너지 건축물을 디자인함	15				
수행 결과물 완성도	제로에너지 건축물에 적용된 액티브와 패시브 기술에 대한 내용이 구체적이며, 실현 가능성이 있음	30				
	완성된 조감도를 시각적으로 잘 표현함	20				
합계		100				

3 세부능력 및 특기사항 기록 예시

성취기준에 따른 성취수준　　수행 과정 및 결과　　교사 총평

　친환경 건축물로 주목받고 있는 제로에너지 건축물의 정의와 적용되는 기술에 대해 학습함. 또한, 쾌적하고 건강한 생활을 유지하기 위해 주거 환경에 필요한 환기, 채광, 온도, 소음, 진동 등의 요소들이 우리 생활에 미치는 영향에 대해 배우며, 실제 주변 사례들과 연관 지어 이해하는 학습 역량이 뛰어남. 제로에너지 건축물은 용적률을 11~20%까지 높일 수 있고, 그에 따라 패시브와 액티브 기술을 적용하여 건물을 높고 넓게 효율적으로 짓는 건축 기술에 대해 탐구함. 국내와 해외의 제로에너지 건축물 사례를 조사하여 비교하고, 적용된 기술을 상세하게 분석하여 앞으로 보완해야 할 점에 대해 논리 정연하게 발표함. 모둠별로 진행된 제로에너지 건축물 조감도 디자인하기 및 적용된 기술에 대해 설명하기 활동에 적극적으로 참여하며, 우수한 결과물을 제출하여 모둠 간 평가에서 좋은 평가를 받음. 공중 보건에 대한 전반적인 학습 능력이 높고 모든 수업마다 적극적으로 참여하는 열의를 보여주는 학생으로, 향후 지역사회 공중 보건 정책에 크게 기여할 것으로 기대됨.

교육 활동 자료

강의 자료 | 제로에너지 건축물이란?

제로에너지 건축물이란 건축물에 필요한 에너지 부하를 최소화하고

한양TV(2021), [한양위키] 에너지 소비량이 0! '제로에너지 건축물'이란 무엇일까?
https://www.youtube.com/watch?v=TzvnOt17Ktk

제로에너지 건축물의 국내·외 사례

서울에너지드림센터(2022), 서울에너지드림센터 10년의 성과를 소개합니다,
https://youtu.be/OtQKSyc17Pk

TJB NEWS, [TJB 기후변화 해외기획] 4. 지붕에 잔디 깔고, 전기 수도 자체 조달..
탄소 제로를 꿈꾸는 '런던 베드제드 마을'
https://youtu.be/eqfneevsKTY

활동 안내 자료

제로에너지 건축물 디자인 활동

제로에너지 건축물 **디자인 활동 안내**

건축과 도시 환경의 미래 구상에 대한 아이디어를 담아
제로에너지 건축물을 디자인해 봅시다.

제로에너지 건축물 디자인 활동

STEP 1

기존 모둠원 그대로 활동 시작하기

STEP 2

제로 에너지 건축물 디자인 활동 방법 및 평가 안내
- 색연필, 사인펜, 유성 매직, 4절지 배부하기

STEP 3

앞에 진행했던 활동지를 토대로 4절지에 건축물 조감도 그리기

■ 참고 자료 출처
- 김희영 외 5인(2021), 고등학교 공중 보건, 포널스, 93~99
- 서울에너지드림센터, 서울에너지드림센터 10년의 성과를 소개합니다, https://youtu.be/0tQKSyc17Pk
- 한양TV(2021), [한양위키] 에너지 소비량이 0! '제로에너지 건축물'이란 무엇일까?, https://www.youtube.com/watch?v=TzvnOt17Ktk
- TJB NEWS, [TJB 기후변화 해외기획] 4. 지붕에 잔디 깔고, 전기 수도 자체 조달.. 탄소 제로를 꿈꾸는 '런던 베드제드 마을',
  https://youtu.be/eqfneevsKTY

03 올바른 식품을 부탁해

교수·학습 계획

수업방법	강의식, 협력학습		운영 형태	on/off
대단원	Ⅲ. 식품위생		예상 차시	3차시
중단원	7. 식품과 건강			
준비물	자료 조사용 태블릿 PC 또는 핸드폰, 원격수업 기자재(마이크 및 웹캠이 가능한 PC 또는 노트북), PPT, 활동지, 색지, 유성 매직, 필기도구			
성취기준	3-가) 식품과 건강			
학습목표	· 식품위생에 대한 개념과 식품위생 관리 요소, 식품과 관련된 질병의 특성을 이해할 수 있다. · 식품을 안전하게 관리하고 보관하는 방법을 탐색하여 실생활에 활용할 수 있다.			

수업 흐름도

STEP 1	식품과 건강 강의하기
STEP 2	식품 선택과 식품 보관 시 고려사항 토의하기
STEP 3	올바른 식품 보관 안내문 제작하기
STEP 4	결과물 발표 및 평가

식품과 건강의 중요성을 이해하고, 식품을 안전하게 관리하고 보관하는 방법을 탐색하는 활동이다. 가장 먼저 집단 식중독으로 발생한 '햄버거병'과 관련된 신문기사를 살펴보고, 식생활과 건강의 연관성을 생각하면서 수업의 포문을 연다.

식품과 건강 내용과 관련하여 식품위생의 정의, 식품오염, 식품관리(위생 관리, 안전성 관리), 식품의 변질과 보존, 식품에 의한 건강 문제에 대해 강의식으로 설명한다. 모둠을 구성하여 식품이 적절하게 보관 되지 않을 경우에는 변질되고, 변질된 식품으로 건강 문제가 야기될 수 있다는 흐름으로 '올바른 식품을 부탁해' 활동을 진행한다.

첫 번째 활동으로 식품을 선택할 때와 보관할 때 고려해야 할 사항에 대해 조사하고 토의해 보는 시간을 가짐으로써 식품의 선택과 보관에 대해 얼마나 알고 있는지 파악해본다. 두 번째 활동은 저녁파티를 위해 장을 본 식품별로 어떻게 올바르게 보관할지 보관 방법에 대해 조사하여 활동지에 작성한다. 세 번째 활동은 첫 번째와 두 번째 활동을 통해 알게 된 내용을 바탕으로 올바른 식품 보관법에 대한 안내문을 작성하여 홍보할 수 있는 자료를 제작하는 활동이다. 이를 통해 식품위생에 대한 개념과 식품위생 관리 요소, 식품과 관련된 질병의 특성을 이해할 수 있게 된다.

수업 지도안

단계	교수·학습활동	활동 자료 또는 유의점
도입	1. 동기 유발 - 집단 식중독 발생 사례인 '용혈성요독증후군'의 신문 기사를 살펴보고 식생활과 건강의 연관성에 대해 생각해보기 2. 학습 목표 제시 및 학습 과정 안내	· PPT, 활동지 활용
전개	1. [강의] 식품과 건강 - 식품위생의 정의 - 식품위생관리 3대 요소와 식품 안전성 관리 - 식품의 변질과 보존 2. [모둠 활동] 올바른 식품을 부탁해 - 4인 1모둠 구성 및 활동 안내하기 [활동 안내] 1) 식품을 선택할 때와 보관할 때 고려할 사항 토의하기 2) 구매한 식품별 올바른 보관 방법을 알아보기 3) 활동 1~2 내용을 바탕으로 올바른 식품 보관 안내문을 제작하기 　- 포함될 내용: 실온보관, 냉장보관, 냉동보관을 하는 기준과 식품별 보관방법 ★ 모둠별로 다양한 주제가 나오게 하는 방법(예시) | 냉장 보관 방법 | 냉동 보관 방법 | | 실온 보관 방법 | 식재료별 보관 온도 | | 다양한 육류, 수산물 보관방법 | 다양한 채소보관 방법 | 3. [평가] 올바른 식품을 부탁해 발표 및 평가하기 - 평가항목: 모둠 간 동료 평가 및 교사 모둠 평가	[활동 자료] · PPT, 활동지 활용 [유의점] · 모둠구성은 짝수로 구성하도록 한다. · 자료 조사를 위해 태블릿 PC 또는 핸드폰을 준비한다.
정리	1. 식품과 건강 O, X 퀴즈 2. 다음 차시 안내	

평가 계획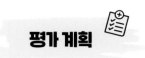

1 평가 개요

성취 기준	3-가) 식품과 건강
평가 유형	☐ 의사소통형　　☑ 학습확인형　　☑ 포트폴리오형　　☐ 실험실습형　　☐ 기타:
평가 방법	☐ 자기 평가　　　　☑ 동료 평가　　　　☑ 교사 평가
평가 대상	☐ 개인　　　　　　☑ 소그룹　　　　　☐ 학급 전체
평가 시기	☐ 도입　　　　　　☑ 수업 중　　　　　☑ 수업 마무리

2 평가 세부 척도

■ 모둠 간 동료 평가 (안내문 제작하기)

평가 요소	평가기준	평가척도 (상/중/하)			
		1모둠	2모둠	3모둠	4모둠
내용의 적절성	과제를 다각적으로 분석하고 주제에 맞게 내용을 구성하였는가				
표현력	이해하기 쉽게 안내문 형식에 맞춰 표현하였는가				
가장 잘한 모둠은 (　　　　　　　　)이다.					
위 모둠을 가장 잘한 모둠으로 선정한 이유를 적어보세요.					

- 교사 모둠 평가 (안내문 제작하기)

평가 요소	평가기준	배점	1 모둠	2 모둠	3 모둠	4 모둠
활동 주제의 적절성	문제를 이해하고 주제에 맞게 내용을 구성하였는가	30				
활동 내용의 전달력	학습한 내용을 적용하여 내용을 잘 전달하고 있는가	30				
책임감	모둠 구성원 모두가 자신이 맡은 바를 충실히 잘 수행하였는가	20				
문제해결 능력	문제를 해결하고자 충분히 토의하는 노력을 기울였는가	20				
합계		100				

3 세부능력 및 특기사항 기록 예시

성취기준에 따른 성취수준   수행 과정 및 결과   교사 총평

　식품위생의 개념과 관리 방법에 대해 이해하고, 식품의 보관 및 관리 방법을 활동지에 올바르게 작성함. 도입에서 제시한 유치원에서 발생했던 집단 식중독 사례인 '햄버거병'에 대한 신문 기사를 통해 집단식중독의 다양한 사례에 대해 조사하여 식품과 건강의 연관성을 파악하고 싶다는 의견을 밝힘. 식품위생에 대한 개념, 식품위생 관리 요소, 식품과 변질과 보관에 대해 학습하고, '올바른 식품을 부탁해' 활동에서 모둠원들과 함께 교과서와 인터넷 자료 등을 참고하여 식품별 올바른 보관 방법 및 관리 방안에 대해 조사함. 식품이 잘 보관되지 않을 경우에는 변질되어 건강문제가 발생할 수 있다는 점을 예측하고, 식품과 건강의 연관성에 주목하여 많은 사람들이 식품을 올바르게 보관하고 관리할 수 있도록 보기 쉽고 간결하게 내용을 잘 요약하여 안내문을 제작함. 모둠원들과 의견을 적극적으로 교환하고 문제해결을 위해 중간에서 조율하는 모습이 인상적임. 과제를 조사하는 과정에서 식품과 건강의 연관성에 대한 사고를 확장하여 식중독, 소화기계 감염병 등 식품을 원인으로 발생할 수 있는 질환을 구체적으로 찾아보면서 식품의 올바른 보관법과 관리가 중요함을 인식하는 과정에서 성장 가능성이 높은 학생이라고 판단됨.

식품과 건강

생각 열기

"우리 아이 덮친 햄버거병"

안산 유치원에서 집단 식중독이 발생했다. 무려 100명이 넘는 유치원생이 식중독에 걸려 일부 원아는 신장투석 치료까지 받을 정도로 상태가 악화되어 방역당국이 긴장하고 있다. 안산시 상록수보건소가 지난달 28일 밝힌 바에 따르면 안산 A유치원에서 집단으로 식중독 증상을 보인 원아와 교직원은 전체 202명 중 111명이다. 이중 57명이 출혈성 대장균 양성 판정을 받았고, 22명이 입원한 상태다. 일명 '햄버거병'이라고 불리는 출혈성 대장균의 합병증인 용혈성 요독 증후군 증상을 보인 어린이는 15명이다.

용혈성 요독증후군은 장출혈성 대장균 감염증의 합병증으로 1982년 미국에서 처음 발견되어 패스트푸드점에서 오염된 쇠고기, 분쇄육이 들어간 햄버거를 먹은 어린이 수십 명이 걸다 감염됐다. 즉, 햄버거를 많이 먹어서 걸린 병은 아니고, 오염된 패티를 덜 익혀 먹음으로써 감염된 것이다. 햄버거병에 걸리게 되면 복가나 혈압이 높아지고 경련이나 혼수 등 신경계 증상이 나타날 수 있다. 적절한 치료를 하지 못하면 신장기능이 망가져 용혈성빈혈, 혈소판감소증과 급성 합병증에 시달릴 수 있다.

[출처] http://www.mk.co.kr/ 이병문 의료선임기자

식품위생의 정의

식품위생이란?

식품의 생육, 생산, 제조부터
최종적으로 사람에게 섭취될 때까지 전 단계에서
식품의 안전성, 건전성 및 악화 방지를
확보하기 위한 모든 수단이라고 정의(WHO)

식품 오염

식품 오염   인체가 노출되는 물질 중에서도 가장 복잡하고 다양하다.

식품 첨가물	잔류 농약
유전자 재조합 식품	잔류 중금속

산업동물에 사용되는 약물

식품 관리

식품위생 관리 3요소

안전성
가장 중요한 요소!

건전성

완전 무결성

식품 관리

식품 안전성 관리   식품위해요소 중점관리기준(HACCP)에 대한 이해

1 HA(위해요소 분석)

위해 가능성이 있는 생물학적, 화학적, 물리학적 요소를
전 공정의 흐름에 따라 분석·평가하는 것

2 CCP(중점관리기준)

HA를 통해 확인된 요소를 중심으로
중점적으로 다루어야 할 위해요소를 선정하여 위해요소를
예방, 제거하여 허용수준으로 감소시킬 수 있는
공정이나 단계를 중점·관리하는 것

식품 관리

1) 식품의 변질

식품을 보존 방법 없이 그대로 실온에 방치하여
미생물, 햇빛, 산소, 효소, 수분의 변화 등에 의해
식품 본래의 향미, 색 및 영양 성분이 달라지거나 사용이 불가능하게 되는 상태

2) 식품의 보존 방법	
물리적 보존법	냉장법, 냉동법, 가열법, 건조법, 밀봉법, 통조림법, 움저장법, 조사살균법
화학적 보존법	절임법, 염장법, 당장법, 훈연법, 약물처리법

식품에 의한 건강문제

소화기계 감염병	인수공통감염병	기생충 질병
병원체의 경로가 식품에서 입으로 이루어지는 감염병	사람과 가축의 양쪽에 이환되는 감염병 특히, 사람이 동물을 통해서 감염되는 병	육류, 어패류, 채소, 해수어류를 통한 기생충으로 발생되는 질환

활동 안내

올바른 식품을 부탁해 활동하기

- 안내사항 : 4~6인 1모둠 구성하기
- 활동 1. 식품을 선택할 때와 식품을 보관할 때 고려할 사항 토의해보기
- 활동 2. 구매한 식품을 올바르게 보관하는 방법 알아보기
- 활동 3. 올바른 식품보관을 위한 안내문 제작하기

여름철, 조선시대에는 음식을 어떻게 보관했을까?
<석빙고와 발효음식의 지혜>

현재 대부분의 가정에서 사용되고 있는 냉장고는 음식을 상하지 않고 신선하게 보관하기 위해 필수 가전이다. 냉장고가 없던 시절을 상상할 수 없을 만큼 우리 일상에 자리 잡았고, 식품을 생산하는 업체 역시 기준 온도를 설정하여 식재료 및 제품을 보관하고 있으니 '온도'는 우리 음식 안전에 필수불가결한 것일 테다. 그렇다면 냉장고가 없던 시절엔 어떻게 음식을 보관했을까?

겨울에 얼음을 보관했다가 여름에 사용하다

냉장고가 발명되기 전까지 인류가 음식을 차가운 상태로 유지하기 위해 사용해온 것은 얼음이다. 중국 전국시대에 발간된 ≪예기(禮記)≫가 냉장에 관한 기록 중 가장 오래된 것으로 알려지고 있다. 우리나라 역시 음식을 시원하게 보관할 수 있는 방법이 있었다. 한 여름에도 발을 담그면 시린 느낌이 날 정도의 차가운 계곡물에 음식을 넣을 수 있었다. 지금도 계곡으로 휴가를 가면 수박, 자두, 복숭아 따위의 과일을 계곡물에 담가 시원함을 유지하는 경우가 있다.

냉장고가 만들어지기 전인 조선시대에는 계곡물에 음식을 넣어두고 먹는 것이 일반적이었다. 또한 구하기 어렵긴 해도 한여름에 얼음을 사용할 수 있는 기회도 있었다. 신라시대에는 석빙고(東氷庫)가 있었고, 조선시대에는 동빙고(東氷庫)와 서빙고(西氷庫)를 만들었다. 빙고는 대개 성 밖의, 강가에서 그리 멀지 않은 곳에 위치하고 있었다. 이것은 강에 얼어붙은 얼음을 채취하여 운반하기 쉬운 곳에 창고를 두었기 때문이다.

'겨울에 한강이 얼었을 때 얼음을 캐서 저장했다. 서빙고의 얼음은 주로 요리에 사용되었고, 가장 유명한 음식은 빙수였다. (중략) 왕립 얼음 창고에서 나오는 얼음은 지위에 따라 배분되었는데, 이것은 특히 동빙고에서 중요했다. 동빙고의 얼음은 음식이 아니라 의례에 사용되었다.'

소금과 고춧가루로 상하지 않는 음식을 만들다

얼음을 보관했던 것과 함께 선조들은 상하거나 발효가 쉽게 되지 않은 요리법으로 여름을 났다. 여름철 기온이 높게 올라가는 내륙 지방과 남쪽 지방의 경우에는 옛날부터 짠 음식과 매운 음식, 마늘과 파, 고춧가루 등이 많이 들어가는 음식류가 유독 많았다. 이는 더운 날씨에 상하거나 발효가 쉽게 되지 못하도록 하는 요리법으로서 젓갈이나 매운 김치류 또는 매운 양념류로서 심하게 발효되거나 썩는 것을 방지했다.

이렇게 만든 김치는 겨울철 땅을 깊게 파서 옹기 등에 넣어 보관하였다. 시원한 동굴이나 차가운 물이 샘솟는 지하수의 담수에 담가서 보관하는 경우도 많았다. 그러나 날씨가 더 더워지면서는 음식을 미리 만들어 저장하기 보다는 3일에 1번씩 김치를 담가 그때그때 섭취를 하기도 했다.

이처럼 냉장고가 없던 시절, 선조들은 음식을 신선하게 섭취하기 위해 지혜와 경험을 살려 얼음을 보관하고 음식을 만들었다. 그 당시에는 식중독 등에 걸리면 치료 방법이 마땅히 없고, 영양 섭취도 좋지 않았기 때문에 목숨을 잃는 경우가 많았을 것이다. 그렇기 때문에 음식을 안전하게 보관하기 위해 더욱 노력했던 것이 아닐까? 선조들의 지혜가 새삼 놀라운 이유다.

＊출처: 조영인(2018), 석빙고와 발효음식의 지혜, 한국식품관리인증원 생생해법, https://magazine.haccp.or.kr/201807/culture.php

- 채소·과일류 등 농산물은 표면에 미생물 오염 우려가 있으므로 채소·과일용 1종 세척제로 깨끗하게 씻는다.

- 마늘, 고추 등 야채류는 깨끗한 물로 씻어 냉장고에 보관하고 섭취 시에는 다시 한번 깨끗한 흐르는 물로 충분히 씻어야 한다.

- 얇게 썬 고기는 단면이 넓어 그만큼 상하기도 쉽기 때문에 개봉 즉시 요리하는 것을 원칙으로 하고 잔량이 남았을 경우에는 밀봉해서 보관한다.

- 두껍게 썬 고기를 냉장 보관할 때에는 1~2일 넘기지 않도록 해야 하며, 고기를 여러 장 겹쳐 보관하면 겹친 부분의 색이 변하므로 랩이나 비닐을 끼워 보관한다. 다진 고기는 부패 속도가 가장 빠르므로 구입 즉시 물기를 제거하고 밀봉하여 보관해야 하며, 냉장 보관 시에는 1~2일, 냉동 보관이라도 2주는 넘기지 않도록 한다.

- 조리한 고기는 지퍼백, 밀폐 용기에 넣어 냉장 보관해야 하고, 특히 조리육은 신선육보다 산화 또는 변질되기 쉬우므로 가능한 빠른 시간 내 소비하도록 한다.

- 수산물은 구입 후 당일 사용할 만큼 나누어서 포장한 후 다른 식품과 구분하여 냉장고에 위생적으로 보관하고 가급적 날짜를 표시하여 먼저 구입한 순서대로 사용한다.

- 활어나 선어 구입 시에는 가급적 곧바로 섭취하는 것이 좋지만 보관하는 경우에는 내장을 깨끗하게 제거한 후 냉동 또는 냉장 보관한다. 냉동 수산물은 필요한 만큼만 해동하여 곧바로 사용하고, 남은 것이 있더라도 미생물 증식 등 변질·부패되기 쉬워 다시 냉동하여 보관하지 말고 폐기한다.

- 달걀을 냉장고에 보관할 때에는 바로 먹는 야채와 직접 닿지 않도록 주의하여 보관한다.

식품과 건강 O, X 퀴즈

1. 식품위생이란 식품의 생육, 생산, 제조부터 최종적으로 사람에게 섭취될 때까지 전 단계에서 식품의 안전성, 건전성 및 악화 방지를 확보하기 위한 모든 수단이다.	
2. 식품위생 관리의 3대 요소는 안전성, 완전 무결성, 건전성이다.	
3. 식품위해요소 중점관리기준 제도는 식품의 원료에서부터 유통과정까지 단계에서 인체에 위해를 가할 수 있는 요소를 공정별로 분석하고, 이를 체계적으로 관리하는 시스템이다.	
• 식품의 원료에서부터 제조·가공·조리·유통과정을 거쳐 소비에 이르기까지 모든 단계에서 인체에 위해를 가할 수 있는 요소를 공정별로 분석하고, 이를 체계적으로 관리하는 과학적 위생관리 시스템이다.	
4. 식품의 물리적 보존법 중 식품에 부착되어 있는 미생물을 죽이거나 효소를 파괴하여 식품을 변질을 예방하는 방법은 가열법이다.	
5. 식품의 화학적 보존법 중 소금이나 설탕 또는 산성에 저장하여 미생물의 발육을 억제하는 방법은 염장법이다.	
• 소금이나 설탕 또는 산성에 저장하여 미생물의 발육을 억제하는 방법은 절임법이며, 염장법은 식품에 소금을 첨가하여 삼투압을 높여 식품 자체의 수분이 탈수됨으로써 식품의 건조 상태를 유지하여 미생물의 생육이 억제되는 방법이다.	

O / O / X / X / O : 답정 ■

■ **참고 자료 출처**
- 김희영 외 5인(2019), 공중 보건, 포널스, 106~135
- 우치갑 외 8인(2018), 수업이 즐거운 교육과정-수업-평가-기록의 일체화, 테크빌교육, 216~217
- 문성환 외 15인(2018), 기술·가정 2 지도서, 씨마스, 126~131

04 위기탈출 직업병

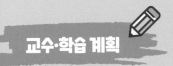

교수·학습 계획

수업방법	토의·토론 학습, 만다라트 활동	운영 형태	on/off
대단원	V. 산업보건	예상 차시	2~3차시
중단원	13. 직업병 관리		
준비물	PPT, 활동지 또는 만다라트 교구		
성취기준	5)-다) 직업병 관리		
학습목표	· 직업병의 정의를 알고 발생원인에 따른 직업병을 이해할 수 있다. · 직업병 종류를 조사하여 실무 분야에서 예방할 수 있는 방안을 탐색할 수 있다.		

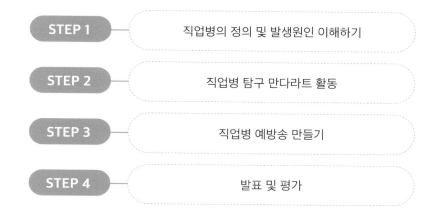

수업 흐름도

STEP 1	직업병의 정의 및 발생원인 이해하기
STEP 2	직업병 탐구 만다라트 활동
STEP 3	직업병 예방송 만들기
STEP 4	발표 및 평가

　산업보건 대단원에서는 산업보건 사업을 이해하고 근로자들이 종사하는 다양한 작업 환경과 건강과의 관련성, 산업 재해의 역학적 특성을 이해한다. 또한, 산업 현장에서 발생할 수 있는 사고와 종류, 응급 상태, 응급치료의 일반적 원칙을 학습한다.

　직업병 관리 중단원에서는 직업병의 정의와 발생원인에 따른 직업병의 종류를 알아보고, 학생들이 직접 자신들이 관심 있는 분야의 직업병의 종류를 조사하며 실무 분야에서 예방할 수 있는 방안을 탐색한다. 이때, 모둠을 구성하고 만다라트 활동을 통해 관심 있는 분야의 직업병을 탐구하게 한다. 만다라트 활동은 브레인스토밍을 확장하여 하나의 주제에 대한 하위 주제를 설정하고 아이디어를 확산하는 데 도움이 되므로 아이디어나 문제해결의 대안을 다양한 측면에서 찾으려고 할 때 용이하다. 만다라트 활동을 통해 직업병의 발생요인을 분석해보고, 직업병을 예방하기 위한 다양한 대안을 마련할 수 있다.

　수업 마무리에는 만다라트 활동을 통해 탐구한 내용으로 '직업병 예방송' 만들기 활동을 진행한다. 학생들이 학습한 내용을 다른 모둠 학생들에게 즐겁게 전달할 수 있으며, 노래 가사를 개사하는 활동을 통해 학생들의 창의력과 표현력을 엿볼 수 있다.

단계	교수·학습활동	활동 자료 또는 유의점
도입	1. 동기 유발 - 영화 '또 하나의 약속' 예고편 시청 2. 학습 목표 제시 및 학습 과정 안내	· PPT, 영상
전개	1. [강의] 직업병이란? - 직업병의 정의 및 발생원인 - 발생원인에 따른 직업병 종류 - 직업병의 예방 대책	· PPT
	2. [모둠 활동] 직업병 탐구 만다라트 활동 - 모둠 구성(4인 1모둠) 및 활동지(교구) 배부 - 만다라트 모둠 활동 안내 [활동 안내] 1) 모둠별로 관심 있는 직업(분야)을 선정한다. 2) 가운데 네모 칸 중앙에 주제를 적는다. 　(주제 예시: 간호사의 직업병 탐구) 3) 가운데 네모 칸 모서리 빈칸 8개에는 직업병(또는 발생요인)을 적는다. 4) 나머지 네모 칸 8개의 중앙에 직업병(또는 발생요인)을 하나씩 적는다. 5) 나머지 네모 칸 모서리 빈칸에는 직업병을 예방할 수 있는 방안을 적는다. - 만다라트 활동 결과물을 칠판에 전시	[활동 자료] · 활동지 또는 교구 (만다라트 스케치) [유의점] · 만다라트 활동지에 대한 충분한 설명을 한 후, 동을 진행하도록 한다. · 작성 도중 항목이 떠오르지 않으면 우선 다른 칸으로 이동하여 작성할 수 있도록 안내한다.
	3. [모둠 활동] 직업병 예방송 만들기 - 만다라트 활동을 바탕으로 '직업병 예방송' 만들기 안내 [활동 안내] 1) 만다라트 결과물을 바탕으로 '직업병 예방송'을 만든다. 2) 노래를 선정하고 직업병 예방과 관련된 내용으로 개사한다. 3) 개사한 내용을 활동지에 작성한다.	· 자료 조사를 위한 위한 노트북, 태블릿 PC 등을 준비
	4. [평가] 직업병 예방송 발표 및 평가하기 - 평가 방법: 자기 평가 및 모둠 내 동료 평가	
정리	1. 평가 활동 후 활동에 대한 소감 공유 2. 다음 차시 안내	

평가 계획

1 평가 개요

성취 기준	5)-다) 직업병 관리				
평가 유형	☑의사소통형	☑학습확인형	☐ 포트폴리오형	☐ 실험실습형	☐ 기타:
평가 방법	☑ 자기 평가		☑동료 평가		☐ 교사 평가
평가 대상	☑ 개인		☑소그룹		☐ 학급 전체
평가 시기	☐ 도입		☐ 수업 중		☑수업 마무리

2 평가 세부 척도

- 자기평가

연번	평가기준	평가척도		
		우수	보통	미흡
1	나는 모둠 활동에 적극적으로 참여하여 다양한 아이디어를 냄			
	나는 모둠원들에게 양보하고 타협하면서 협력하는 태도를 가짐			
2	**이번 모둠 활동에서 내가 한 활동은 어떤 내용이었는지 구체적으로 적어보세요.**			
3	**이번 활동에서 배운 점을 적어보세요.**			

▪ 모둠 내 동료 평가

평가 요소	평가기준	평가척도 (상/중/하)		
		모둠원1	모둠원2	모둠원3
문제해결 능력	모둠 활동 시 주제에 맞는 자료를 탐색하여 직업병의 발생요인에 따른 예방법을 구성함			
의사소통 능력	모둠 활동 시 모둠원의 이야기를 경청하고 원활한 의사소통을 위해 노력함			
참여도	모둠 활동 시 토의 과정을 거쳐 직업병 예방송 개사활동에 적극적으로 참여함			
우리 모둠원 중 친구 ( )를 칭찬합니다.				
그 이유는 무엇인가요?				

3 세부능력 및 특기사항 기록 예시

■ 성취기준에 따른 성취수준　■ 수행 과정 및 결과　■ 교사 총평

　직업병의 정의를 알고 발생원인에 따른 직업병의 종류를 올바르게 분류함으로써 명확한 이해력을 보여줌. 직업병 탐구 만다라트 활동에서 '간호사의 직업병'을 주제로 선정하였으며, 직업병을 일으키는 위험요인에 대해 조사하고 예방법을 만다라트 활동지에 꼼꼼하게 작성함. 간호사는 교대근무로 인해 생체리듬이 불균형해져 수면 장애가 발생할 수 있다고 설명하였으며, 환자를 보조하거나 침대, 카트 등을 움직이며 허리 통증이나 근골격계 손상이 발생할 수 있다고 발표. 작업환경으로 인해 발생하는 문제들을 명확히 파악하고 창의적인 해결책을 제시하는 등 비판적인 사고력이 뛰어난 학생임. 또한 직업병을 예방하기 위한 방안을 모둠원들과 토의하였으며, 토의 내용을 바탕으로 직업병 예방송을 제작함. 최신 가요를 선정하여 노래 가사를 창의적으로 개사하였으며, 모둠원들과 즐겁게 참여하는 모습을 보임. 모둠 활동에서 수업 이해에 어려움을 겪는 학생을 도와주는 모습을 보이는 등 공동체 역량이 우수한 학생으로 원활한 모둠 활동이 이루어지도록 리더십을 발휘함.

교육 활동 자료

영상 자료 | 영화 '또 하나의 약속'

또 하나의 약속

2014. 2. 6.개봉 / 장르: 드라마

택시기사 상구(박철민)는 단란한 가정을 꾸려가는 평범한 아버지다. 상구는 딸 윤미(박희정)가 대기업에 취직한 것이 너무 자랑스럽다. 한편으로 넉넉치 못한 형편 때문에 남들처럼 대학도 보내주지 못한 게 미안하다. 오히려 기특한 딸 윤미는 빨리 취직해서 아빠 차도 바꿔드리고 동생 공부까지 시키겠다며 밝게 웃는다. 그렇게 부푼 꿈을 안고 입사한 지 2년도 채 되지 않아 윤미는 큰 병을 얻어 집으로 돌아온다. 어린 나이에 가족 품을 떠났던 딸이 이렇게 돌아오자 상구는 가슴이 미어진다. "왜 아프다고 말 안 했나?" "좋은 회사 다닌다고 자랑한 게 누군데! 내 그만두면 아빠는 뭐가 되나!" 자랑스러워하던 회사에 들어간 윤미가 제대로 치료도 받을 수 없자, 힘없는 못난 아빠 상구는 상식 없는 이 세상이 믿겨지지 않는다. 상구는 차갑게 식은 윤미의 손을 잡고 약속한다. 아무것도 모르고 떠난 내 딸, 윤미의 이야기를 세상에 알리겠다고...

"아빠가... 꼭 약속 지킬게"

＊포스터 출처: 네이버 영화

• 만다라트 기법(연꽃 기법)

활짝 핀 연꽃 모양으로 아이디어를 다양하게 발상해 나가는 데 도움을 주는 사고 기법으로, 일본의 마츠무라 야스오가 개발한 사고 및 학습기법의 일종이다. 불교의 만다라 형태와 유사하다고 하여 '만다라트(Mandal-Art)'라고 불린다.

브레인스토밍을 확장하여 하나의 주제에 대한 하위 주제를 설정하고 아이디어를 확산하는 데 도움이 된다. 아이디어나 문제해결의 대안을 다양한 측면에서 찾으려고 할 때, 기존 기술이나 제품을 응용하는 새로운 방법을 찾으려고 할 때, 혹은 미래 시나리오를 가상으로 만들 때 활용될 수 있다.

몸관리	영양제 먹기	FSQ 90kg	인스텝 개선	몸통 강화	축 흔들지 않기	각도를 만든다	위에서부터 공을 던진다	손목 강화
유연성	몸 만들기	RSQ 130kg	릴리즈 포인트 안정	제구	불안정 없애기	힘 모으기	구위	하반신 주도
스태미너	가동역	식사 저녁7숟갈 아침3숟갈	하체 강화	몸을 열지 않기	멘탈을 컨트롤	봄을 앞에서 릴리즈	회전수 증가	가동력
뚜렷한 목표·목적	일희일비 하지 않기	머리는 차갑게 심장은 뜨겁게	몸 만들기	제구	구위	축을 돌리기	하체 강화	체중 증가
핀치에 강하게	멘탈	분위기에 휩쓸리지 않기	멘탈	8구단 드래프트 1순위	스피드 160km/h	몸통 강화	스피드 160km/h	어깨주변 강화
마음의 파도를 안만들기	승리에 대한 집념	동료를 배려하는 마음	인간성	운	변화구	가동력	라이너 캐치볼	피칭 늘리기
감성	사랑받는 사람	개성	인사하기	쓰레기 줍기	부실 청소	카운트볼 늘리기	포크볼 완성	슬라이더 구위
배려	인간성	감사	물건을 소중히 쓰자	운	심판을 대하는 태도	늦게 낙차가 있는 커브	변화구	좌타자 결정구
예의	신뢰받는 사람	지속력	긍정적 사고	응원받는 사람	책읽기	직구와 같은 폼으로 던지기	스트라이크 볼을 던질 때 제구	거리를 상상하기

• 만다라트 진행 방법

① 중앙에 있는 사각형의 가운데에 해결하고자 하는 아이디어, 문제, 이슈, 주제 등을 적는다.
② 주제의 하위 주제 8개를 적는다. (예: 아이디어, 해결책, 주제의 확대 등)
③ 중앙에 있는 사각형 주변에 있는 8개 사각형의 중심에 하위 주제 8개를 옮겨 적는다.
④ 8개의 하위 주제에 대하여 8개씩의 아이디어를 생각하여 칸을 채운다.
⑤ 총 64개의 아이디어 중 주제별로 최선의 아이디어를 조합하면서 문제해결을 위한 아이디어를 창출한다.

■ 참고 자료 출처
- 김희영 외 5인(2018), 공중 보건, 포널스, 205~212
- 우치갑 외 8인(2018), 수업이 즐거운 교육과정-수업-평가-기록의 일체화, 테크빌교육, 216~217

만다라트 스케치

(＊출처: 캠퍼스멘토)

만다라트 액션 플랜

(＊출처: 더난교육)

 MEMO

05 스트레스 관리 보석맵 및 스트레스 해소 챌린지 제작하기

교수·학습 계획

수업방법	강의식, 협동학습, 디자인 씽킹	운영 형태	on/off
대단원	Ⅵ. 정신보건	예상 차시	3차시
중단원	17. 정신건강문제		
준비물	원격수업 도구(마이크와 웹캠 사용이 가능한 PC), 사인펜, PPT, 활동지		
성취기준	6)-다) 정신건강문제		
학습목표	· 청소년기에 나타날 수 있는 스트레스, 우울 등의 정신건강문제의 종류와 주요 특성을 이해할 수 있다. · 스트레스 관리를 위한 방안을 제시하여 정신보건 관련 실무에 적용할 수 있다.		

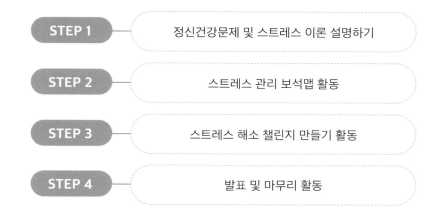

수업 흐름도

STEP 1	정신건강문제 및 스트레스 이론 설명하기
STEP 2	스트레스 관리 보석맵 활동
STEP 3	스트레스 해소 챌린지 만들기 활동
STEP 4	발표 및 마무리 활동

　　수업의 도입 단계에서는 스트레스와 관련된 청소년 통계를 보여주어 정신건강 관리와 정신건강 증진의 중요성을 알리고 학생들의 자기 관리 역량 증진이 필요함을 깨닫도록 한다. 교사는 교과서와 PPT를 활용하여 정신건강문제의 특징, 청소년기에 나타날 수 있는 정신건강문제의 종류와 주요 특성에 대해 수업한다.

　　학생들이 이론적인 내용을 학습했다면 먼저 스트레스 관리 보석맵 모둠 활동을 진행한다. 4인 1모둠으로 구성하여 자신의 고민이나 스트레스에 대한 얘기를 나누어본다. 학생들은 서로 다른 상황을 들어보면서 유대감을 형성하고, 학습 내용을 자신이나 모둠원의 상황에 적용해볼 수도 있다. 보석맵 활동이 마무리되면 재미 요소를 넣어 '스트레스 해소 챌린지 만들기' 활동을 진행한다. 이때, 모둠원이 머리를 맞대고 창의적인 아이디어를 떠올려 제작할 수 있도록 지도한다. 원격수업의 경우, 디지털 학습도구를 활용하여 제작할 수 있다. 챌린지 활동은 수업이 끝난 후에도 학급 단위로 진행하여 학생들의 스트레스 완화에 실질적인 도움을 줄 수 있다는 장점이 있다.

수업 지도안

단계	교수·학습활동	활동 자료 또는 유의점
도입	1. 동기 유발 - 청소년 스트레스 통계자료를 보여주어 수업 활동에 대한 흥미를 유발한다. 2. 학습 목표 제시 및 학습 과정 안내	· 자료 활용
전개	1. [강의] 정신건강문제 이론 강의 - 정신건강문제의 이해 - 정신건강문제의 초기 증상 - 정신건강과 스트레스 - 청소년 정신건강문제	· PPT 활용
	2. [모둠 활동] 스트레스 관리 보석맵 활동 - 활동 안내 및 진행: 4인 1모둠으로 구성하여 보석맵 활동 방법을 안내한다. [활동 안내] 1) 모둠별로 B4 활동지 제공 2) 모둠원마다 색이 다른 사인펜을 사용하여 보석맵 활동지에 적힌 설명에 따라 활동지 작성 3) 활동지 작성이 끝나면 모둠원끼리 이야기 나누기	[활동 자료] · 활동지, 사인펜 활용 [유의점] · 원격수업의 경우, 구글 프레젠테이션과 같은 디지털 학습도구 활용.
	3. [모둠 활동] 스트레스 해소 일주일 챌린지 만들기 활동 - 활동 안내 및 진행: 보석맵 활동에 이어서 모둠원 변동 없이 아래 활동을 진행한다. [활동 안내] 1) 교사 평가항목 안내: 협동심, 활동 결과물 구성, 활동 결과물 발표 2) 아이디어 나누기: 스트레스 보석맵 활동에서 나왔던 내용과 연결 지어 우리 모둠만의 일주일 챌린지 만들기 3) 챌린지 계획표 제작하기: 조별 활동지에 자유롭게 챌린지 계획 작성하기 4) 발표하기: 우리 모둠의 일주일 챌린지 소개하기	[활동 자료] · 활동지 활용 [유의점] · 원격수업의 경우, 미리캔버스와 같은 디지털 학습도구 활용
	4. [평가] 모둠별 결과물 발표 및 평가하기 - 평가 방법: 자기 성찰 평가 및 교사 평가	
정리	1. 정신건강문제 수업 내용 정리 2. 다음 차시 안내	

평가 계획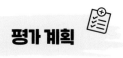

1 평가 개요

성취 기준	6)-다) 정신건강문제			
평가 유형	☐ 의사소통형	☐ 학습확인형	☑ 포트폴리오형	☐ 실험실습형 ☐ 기타:
평가 방법	☑ 자기 평가	☐ 동료 평가	☑ 교사 평가	
평가 대상	☑ 개인	☑ 소그룹	☐ 학급 전체	
평가 시기	☐ 도입	☐ 수업 중	☑ 수업 마무리	

2 평가 세부 척도

▪ 자기 성찰 평가

평가요소	평가기준	평가척도		
		상	중	하
참여도	활동에 적극적으로 참여하여 결과물을 제출함			
협동심	모둠원의 의견을 경청하고 협력하며 모둠 활동에 참여함			
이번 활동에서 내가 한 역할은?	＊구체적으로 작성해 보세요.			
이번 활동을 통해 배운 점은?				

- 교사 모둠 평가 (스트레스 해소 챌린지)

평가요소	평가기준	배점	1 모둠	2 모둠	3 모둠	4 모둠
협동심	모둠 내에서 협동적인 분위기가 형성되어 모둠원 모두가 협력하여 활동하였는가	20				
활동 결과물 구성	활동 결과물을 한눈에 보기 쉽게 구성하였는가	20				
	활동 결과물을 창의적으로 구성하였는가	20				
활동 결과물 발표	활동 결과물을 이해하기 쉽고 자신 있게 발표하였는가	40				
합계		100				

3 세부능력 및 특기사항 기록 예시

성취기준에 따른 성취수준   수행 과정 및 결과   교사 총평

정신건강문제에 대한 이해를 토대로 청소년기에 나타나는 스트레스, 우울과 같은 정신건강문제의 종류와 특징을 구분하여 설명할 수 있음. 보석맵 모둠 활동 시 자신의 스트레스 상황을 떠올려보고 실제 도움이 되는 스트레스 해소 방안을 찾기 위해 태블릿 PC를 활용하여 뉴스 기사, 통계 등 다양하고 전문적인 자료를 조사함. 모둠원과 적극적으로 상의하여 모둠 활동에 참여하였으며 모둠에서 주도적인 역할을 함. 스트레스 해소 챌린지 만들기 활동에서 다양한 의견을 제시하였으며, 학생들이 참여하기 쉽고 창의적인 아이디어로 제작하여 다른 모둠으로부터 폭발적인 호응을 얻음. 모둠 활동 시 자신의 의견을 논리적으로 펼칠 줄 알고, 다른 모둠원의 의견을 경청하는 모습이 인상 깊은 학생으로 추후 어떠한 활동에서도 다른 사람과 협력하는 역량이 뛰어날 것으로 보임.

교육 활동 자료

읽기 자료 | 정신건강 관련 앱 활용하기

청소년모바일상담 다들어줄개란?

문자, SNS를 통해 소통하는 청소년들의 고민을
더욱 가까이에서 나누고자 만들어진 모바일 상담 서비스

 365일, 24시간 언제나

모바일 기기가 있다면 어디서나

 고민이 있는 청소년이라면 누구나

상담은 어떻게 신청할 수 있나요?

| 다들어줄개 App | 어플을 다운받아 회원가입 후 상담 가능 |

| 문자 1661-5004 | 해당 번호로 문자를 통한 상담 가능 (전화상담 불가) |

| 카카오톡 | '다들어줄개' 플러스 친구 추가를 통한 상담 가능 |

| 페이스북 | '다들어줄개' 페이지에 페북메시지를 통한 상담 가능 |

어떤 분들이 상담해주시나요?

☑ 아이들과 더욱 가까이에서
소통하고 싶은 선생님

☑ 아이들의 고통에
깊이 공감하는 선생님

☑ 아이들의 건강한 성장에
함께 할 준비가 되신 선생님

전문 상담사 및 자원봉사 선생님

청소년들의 후기 바로보기

 "나에게 다들어줄개란, 출발선이다."
나의 생각과 외로움을 털쳐 내주고 새롭고
다시 살아갈 힘이 생기기 때문에 출발선인 것 같아요.
고민이 있을 때마다 찾아갈게요.

 "나에게 다들어줄개란, 엄마다."
미처 엄마한테도 말하지 못한 말들을 하는데
정말 엄마처럼 친근하게 대해주시고
정말 울고 싶을 때 진심으로 위로해주는 것이 좋았어요.

 "나에게 다들어줄개란, 버팀목이다."
바보처럼 밝은 척, 괜찮은 척 했지만 지칠 대로 지쳤고,
버틸 힘도 없지만 웃어야 했어요.
하지만 내가 유일하게 마음을 털어놓았던 다들어줄개는
세상을 버틸 수 있는 버팀목 같은 존재예요.

교육부(2022), [카드뉴스] 365일,24시간 청소년 모바일 상담 언제든지 다들어줄개
https://www.moe.go.kr/boardCnts/viewRenew.do?boardID=340&lev=
0&statusYN=W&s=moe&m=020201&opType=N&boardSeq=93331

청소년 스트레스 관련 영상 및 통계 자료

EBS뉴스(2022), 청소년 사망, '극단 선택' 10년째 1위..우울·스트레스↑,
https://youtu.be/XM3TtN5DJZg

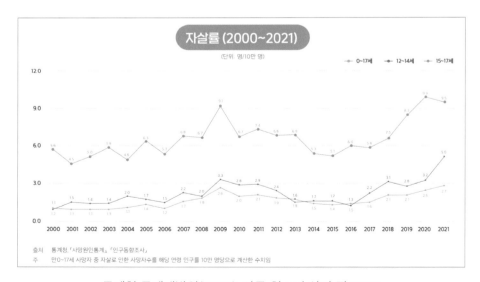

통계청 통계개발원(2022), 아동·청소년 삶의 질 2022

PPT 자료

스트레스 관리 보석맵 활동, 스트레스 해소 일주일 챌린지 활동 안내

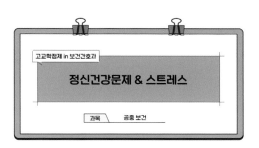

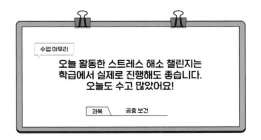

■ **참고 자료 출처**
- 교육부(2022), [카드뉴스] 365일, 24시간 청소년 모바일 상담 언제든지 다 들어줄게,https://www.moe.go.kr/boardCnts/viewRenew.do?boardID=340&lev=0&statusYN=W&s=moe&m=020201&opType=N&boardSeq=93331
- 김희영 외 5인(2021), 고등학교 공중 보건, 포널스, 240~246
- 성혜영, 보석맵 활동, 미래교실네트워크
- 통계청 통계개발원(2022), 아동·청소년 삶의 질 2022
- EBS뉴스(2022), 청소년 사망, '극단 선택' 10년째 1위..우울·스트레스↑, https://youtu.be/XM3TtN5DJZg

MEMO

MEMO

고교학점제 IN 보건간호과

1판 1쇄 찍음	2023년 8월 8일
1판 2쇄 펴냄	2023년 12월 13일

출판	(주)캠퍼스멘토
제작	(주)모야컴퍼니
저자	이슬기·김현경·김현하·박소윤·최성임·현지유

총괄기획	박선경 (sk@moyacompany.com)
책임편집	(주)모야컴퍼니
연구기획	김예솔·민하늘·최미화
디자인	박선경·양채림
경영지원	지재우·윤영재·임철규·최영혜·이석기
마케팅	이동준·신숙진·김지수·김연정·강덕우·박지원·송나래
발행인	안광배·김동욱

주소	서울시 서초구 강남대로 557(잠원동, 성한빌딩) 9F
출판등록	제 2012-000207
구입문의	(02) 333-5966
팩스	(02) 3785-0901
홈페이지	www.campusmentor.co.kr (교구몰)
	smartstore.naver.com/moya_mall (모야몰)

ISBN	979-11-92382-24-1(43000)